DÉCRETS

DE LA

RÉPUBLIQUE

DES

DEVOIRS DE L'HOMME

PAR

ALEXANDRE WEILL

Prix : 50 Centimes

PARIS

CHEZ TOUS LES LIBRAIRES

La première édition de ces *Décrets* a paru sous le titre : *Si j'avais été chef de la Commune.* Cette édition, format grand journal, étant épuisée et n'ayant pas reçu l'estampille, je me vois forcé de supprimer le prologue et l'épilogue qui, d'ailleurs, n'ont aucun rapport avec les *Décrets*. Je fais observer au lecteur de bonne foi que la première édition s'est épuisée *sans qu'un seul journal en ait fait une mention sérieuse*. J'ai mis deux années pour être court et concis, et je défie les futurs régénérateurs de ma patrie de décreter une seule réforme utile qui ne soit contenue dans ces *Décrets*, sinon en détail, du moins en bloc ! Quant aux lecteurs qui, personnellement et dans des lettres, m'ont reproché d'être par trop excessif, qu'ils se souviennent que pour redresser un bâton courbé, il faut absolument le recourber dans le sens contraire et jusqu'à l'extrême. C'est une loi absolue de la nature!

ALEX. WEILL.

DÉCRETS

DE LA

RÉPUBLIQUE DES DEVOIRS DE L'HOMME.

1er DÉCRET.

LE POUVOIR.

Toute société d'humains, qu'elle soit composée de quarante millions d'êtres ou seulement de quarante, contient dans son sein des individus plus forts, plus intelligents, plus adroits les uns que les autres. Si donc cette société veut que tous ses membres puissent donner toutes leurs forces et s'épanouir librement, il faut que les plus forts, les plus intelligents et les plus habiles laissent la liberté du travail, du mouvement et de l'épanouissement aux plus faibles, aux moins intelligents et aux moins adroits. Autrement les forts, exploitant les faibles, il n'y aurait plus que des maîtres et des esclaves; esclaves qui ne donneraient que le quart de travail forcé en leur pouvoir; maîtres qui ne jouiraient pas d'un jour de sécurité ni de paix. Véritable état de guerre latente ou patente, seule alternative de despotisme et d'anarchie, deux phases, deux faces d'un même monstre, sous le règne duquel tout ce qui a été fait se défait!

Donc pour que tous travaillent en donnant toutes leurs forces et que tous jouissent de leur travail, seul état de paix, de prospérité et de félicité, il faut que les forts, les puissants, les intelligents, les habiles fassent leurs devoirs, laissant toute liberté aux faibles, se mettant à leur tête pour organiser et décupler leurs forces et donnent eux-mêmes les leurs à la société.

Ces *Devoirs* accomplis, les *Droits* de tous se trouvent garantis.

Ces devoirs ne s'accomplissent que par deux raisons, et de deux manières:

Ayant appris par les lois de la nature que tout ce qui a été créé comme eux, changeant comme eux, fait toujours son devoir et exécute les fonctions pour lesquelles il a été créé, depuis la planète jusqu'à la plante, qu'il n'y a pas d'être qui ne travaille pour un autre plus faible; ayant en outre appris par l'expérience, *par des faits irrécusables de l'histoire*, que dans ce monde *quiconque ne fait pas son devoir perd tôt ou tard ses droits*, lui, sa famille et ses concitoyens, en moins de vingt ans; sentant qu'il n'y a réellement pas de fort devant l'invisible force créatrice de l'Univers, quel que soit le nom que les mortels lui ont donné, les forts ayant senti, éprouvé, vu et revu tout cela, font leurs devoirs *volontairement* sans y être forcés par un pouvoir humain.

Ce devoir accompli *volontairement* et qui va jusqu'au sacrifice de soi-même, s'appelle dans toutes les langues :

Vertu.

Ou bien, les faibles, étant dans toute réunion de mortels neuf contre un, s'associent et dictent des lois, en vertu desquelles ils s'engagent à se prêter main-forte, afin de forcer le fort à faire son devoir, à leur laisser toute liberté de travail, de mouvement et d'expansion sous peine de châtiment et, s'il le faut, de retranchement.

Ce devoir accompli par la force s'appelle :

Justice.

Nulle société d'humains sur cette planète, quel que soit le degré de leur intelligence ou de leur instruction, n'a jamais existé ni ne saurait exister un jour, pas même en pleine guerre, sans ces deux devoirs dont l'un s'appelle *Vertu* et l'autre *Justice*.

Aucune forme sociale que l'on appelle *Gouvernement* ne dure ni ne saurait durer vingt ans sans *Vertu* et sans *Justice*.

La République, pas plus que la monarchie avec ou

sans aristocratie, n'existe ni ne peut exister sans *Vertu* et sans *Justice*. Toute loi absolue, c'est-à-dire à la fois divine et naturelle, est *universelle*. Si elle n'est pas universelle elle n'est pas loi.

Mais voici la différence entre le pouvoir héréditaire et le pouvoir électif. Le premier sans vertu et sans justice, faillissant à son devoir par manque de vertu et n'ayant pas de contrôle pour l'y forcer par la Justice, ne peut être écarté que par une révolution, n'étant autre que le châtiment du devoir manqué, et qui rend le justicier aussi malheureux que le justiciable. Il faut des années pour revenir au devoir, au travail et à la paix.

Le second, au contraire, par l'élection, peut écarter tout pouvoir prévaricateur par le rouage pacifique de l'élection, sans révolution ni trouble et tout en infligeant le châtiment aux coupables.

Et voici pourquoi le pouvoir électif n'est pas un Droit, mais un Devoir, le premier Devoir du père de famille, du citoyen et de l'homme.

Et voici pourquoi la République est la seule forme de gouvernement où toutes les forces peuvent s'épanouir pour le bonheur de tous et sous laquelle, faute de vertu dans les forts, la société peut imposer les devoirs par la Justice, sans compromettre le travail du passé (propriété), le travail du présent (paix et prospérité), le travail de l'avenir (crédit).

Donc, au nom de la raison, de l'expérience de l'histoire, au nom des lois de la nature qui toutes reflètent forcément la loi du Créateur, quel qu'il soit, *la République* c'est-à-dire *le pouvoir électif*, est la seule forme de gouvernement que l'on peut appeler à la fois divin et humain, *parce que seule elle comporte avec elle le Devoir par la Vertu* et *le Devoir par la Justice*.

2e DÉCRET.

LA RELIGION, LE CULTE.

Si par la Justice on pouvait forcer tous les hommes à faire leurs devoirs, la société pourrait strictement exister. Mais cela n'est pas possible. La justice est coûteuse.

Il faudrait pour chaque citoyen un gendarme et peut-être un mouchard pour chaque gendarme. L'impôt dévorerait le travail et le citoyen ne serait qu'un mercenaire surveillant son prochain.

Il faut donc, pour suppléer à la justice, apprendre aux citoyens, dès leur jeunesse, que leur bonheur et leur prospérité dépendent de l'accomplissement *volontaire* de leurs devoirs. En d'autres termes, il faut leur enseigner *la Vertu.*

Cette Vertu ne peut être enseignée qu'au nom de la Vérité.

Qu'est-ce que la vérité ? La nature des lois qui gouvernent le monde. Ces lois sont absolues. Elles dérivent toutes d'une seule et même *loi*, car une loi qui ne se retrouve pas partout n'en est pas une. Elle doit se retrouver dans toutes les créatures de la terre, aussi bien que dans les faits de l'histoire humaine, dans la vie de l'individu aussi bien que dans celle des nations! *Elle doit être conforme à la raison* qui la pénètre et la conçoit. Elle doit être partout, dans le passé, dans le présent, dans l'avenir. Une loi qui change n'en est pas une. Une loi qui se suspend, qui fait des miracles n'est pas une loi. Une loi qui n'est pas immuable n'est qu'un décret fugace et local.

Certaines lois fondamentales dans les choses créées sont universellement reconnues. En voici deux d'une portée universelle.

Il n'y a pas de corps simple dans la nature, qui soit identique dans toutes ses parties.

Nulle force créée ne produit une autre force égale à soi.

Les êtres créés, tous composés, inégaux, divers dans leurs parties et changeants, ont été forcément créés par une *force créatrice supérieure, autonome, égale à soi dans toutes ses parties, force immuable et toujours la même.*

Cette force, nous l'appelons *Dieu*, ou *Créateur*, ou *Etre suprême*, n'importe ! Moïse l'a appelé l'*Etre Etant*, (Jehovah), parce que lui seul *est ce qu'il est*, l'être créé changeant toujours, n'étant jamais ni ce qu'il fut, ni ce qu'il sera.

Mais peu importe le nom ! Il suffit que par sa loi

qu'il a insufflée aux créatures, les causes produisent toujours leurs effets, sans qu'aucune puissance détache les effets de ces causes, ni les annulle par le bon plaisir, le pardon ou un miracle. Seulement ce qu'est l'étendue, le bras, l'espace au levier, le temps l'est aux causes. Les effets ne se font sentir qu'au bout d'un certain temps.

C'est en vertu de cette vérité absolue que les hommes appliquent la justice.

Il suffit que cette vérité trouve sa preuve et sa contre-épreuve dans tous les faits de l'histoire. Savoir : que le devoir accompli produit le droit et par conséquent la paix, l'ordre, la liberté et la prospérité.

Et que le manquement au devoir engendre inexorablement l'expiation, c'est-à-dire le désordre, l'esclavage, la ruine, la misère, souvent une mort précoce.

L'histoire humaine n'a pas d'autre but. Elle est uniquement le tribunal de la vérité de Dieu.

Les arts, les lettres, la poésie, la raison et l'imagination humaines n'ont pas d'autre but : montrer la vérité ou le *Vrai* sous les couleurs brillantes de la beauté ou du *Beau !*

La société donc, dans une vue de conservation et afin d'éviter la force, enseigne au jeune citoyen l'art de faire son devoir *volontairement* par la vertu, sous le nom de religion ou lien social.

Par ce devoir accompli, les hommes se *lient* en effet par un doux lien d'amitié et de solidarité. Le fort faisant volontairement son devoir, devient le bienfaiteur et l'ami du faible, dont il garantit les droits.

La République donc ne peut enseigner le devoir à tous ses enfants qu'au nom de la *Loi immuable*, qu'on appelle *Dieu*, que la raison, que l'histoire, que le génie de tous les temps, que la nature entière ont reconnu, proclamé, acclamé, glorifié et exalté.

Cette proclamation, cette acclamation, cette exaltation qui réjouit l'esprit et le corps (car tout accomplissement du devoir est un plaisir), s'appelle : *le Culte.*

Le culte, c'est l'art appliqué à la vérité absolue.

Poésie, musique, peinture, sculpture, tout ce qui est beau doit accourir pour glorifier le vrai.

Le culte est un lien spirituel par les arts qui lient les âmes, qui les fait vibrer à l'unisson et qui, tous les huit jours, leur font répéter mentalement *la promesse formelle de faire leurs devoirs* de père et de mère, d'époux et d'épouse, de fils et de fille, de sœur et de frère, de citoyen et de citoyenne.

La République ne peut donc pas avoir un autre culte officiel que celui au nom de la loi immuable de Dieu un, qui ne change jamais, qui fut toujours ce qu'il sera, qui ne suspend jamais sa loi, ni par le pardon ni par le miracle ; de Dieu, conforme en tout aux lois de la nature, qui le reflètent; créateur de tous les êtres, tous égaux par l'extraction et la fin, ne différant pas entre eux par la *qualité de l'Etre*, (étant tous égaux en qualité), mais seulement par *la quantité d'essence spirituelle* dont chacun est doué. C'est cette quantité plus ou moins forte qui donne à l'être sa forme, aussi bien au grain de sable qu'à l'astre, aussi bien aux minéraux, végétaux et animaux qu'aux hommes. C'est cette quantité qui fait les forts et les faibles et qui, *parce qu'elle n'est que la quantité et non la qualité,* veut que le fort vive pour le faible et non le faible pour le fort. Si le fort était d'une autre qualité, le faible serait son esclave né. Cette vérité absolue laisse à l'homme la liberté de son destin, par l'option entre le bien et le mal. Car si un pouvoir quelconque pouvait détacher un effet de sa cause, soit par le pardon, soit par le miracle, le discernement de l'homme entre le bien et le mal serait dérisoire, superflu. L'homme n'aurait besoin ni de vertu, ni de justice, ni d'aucune option entre le bien et le mal. Il pourrait à l'aveugle faire le mal ou le bien, abandonnant les effets au pouvoir chargé, soit de les faire jaillir des actes, soit de les en détacher, ou bien de transformer le mal en bien ou le bien en mal. *Pour que l'homme soit libre, il faut absolument que la Loi divine soit immuable.* Même dans la société politique, il n'y a pas d'autre loi de liberté que *d'être indépendants des hommes par la dépendance absolue de la loi.* La loi de Dieu est fixe, aussi bien dans la morale que dans toutes les autres lois naturelles de la chaleur, du froid, de la gravitation et de l'attraction. C'est en se soumettant à cette loi, en dirigeant ses actions d'après elle, qui jamais ne détache un effet de sa cause, que l'homme s'affranchit de tout, même de la crainte de Dieu. Il n'est pas de pouvoir divin qui puisse rendre malheureux un homme vertueux et juste. Seulement, on n'est pas vertueux en ne faisant pas le mal, il faut encore risquer sa vie et sa fortune pour empêcher qu'aucune injustice ne soit faite à aucun être faible. A ce titre, y a-t-il beaucoup d'hommes justes ?

C'est donc cette loi de Dieu seule d'où jaillissent la liberté, l'égalité, la fraternité et la solidarité.

C'est donc ce culte seul, cette religion seule qui ordonnent par le devoir le pouvoir électif.

Le culte des idolâtres admet des forces supérieures auxquelles les forces inférieures sont subordonnées ; les faibles y sont créés pour les forts. Les forts n'y sont ni plus vertueux, ni plus justes que leurs subordonnés : ils sont seulement plus *forts.* C'est le culte du droit du plus fort. Aussi les peuples anciens, sous la république aussi bien que sous la monarchie, étaient-ils voués à l'esclavage et au malheur.

Le culte des rabbins et des chrétiens admet que Dieu pardonne, qu'il suspende sa loi par des miracles, qu'il change les effets du mal en bien *et vice versâ*, qu'il aime les uns et qu'il haïsse les autres, selon son bon plaisir.

Ce culte détruit toute égalité, toute liberté, toute vertu et toute justice. A quoi bon être vertueux, si l'on peut être pardonné ? Si Dieu, selon son bon plaisir, peut changer les effets des crimes en fruits de vertu ? A quoi bon vivre sous la loi de la justice, si, par un miracle, le châtiment naturel peut être subitement arrêté, détourné ?

Pourquoi les forts travailleraient-ils pour les faibles, si le manquement au devoir n'engendre pas irrévocablement la perte des droits ? Du moment que l'idée de Dieu lui-même, un Dieu homme, est la violation de la loi de la nature, il n'y a plus de loi, il n'y a plus que l'arbitraire, aussi bien sur la terre que dans le ciel. Une loi qui n'est pas la même partout, pour toutes les planètes, est un mensonge, l'invention d'un charlatan ou d'un tyran !

Aussi la loi rabbinique et chrétienne est-elle forcément le culte du despotisme et par conséquent de l'anarchie, qui en est l'effet. Depuis qu'elle existe, le monde n'a connu que crimes et iniquités, que guerres et misères!

Le monde n'a commencé à respirer que vers la Renaissance, revenant à la vérité, quoique ne l'entrevoyant que de loin et à travers le nuage de la tradition superstitieuse.

Il faut donc un culte moral à la République.

La République ne saurait avoir d'autre culte officiel que celui qui est d'accord avec la raison, l'histoire et les lois de la nature !

Les élus de la République prendront donc des mesures pour établir et célébrer ce culte avec toute la pompe des arts. Ils conserveront les fêtes religieuses qui étaient des fêtes de saison, destinées à enseigner aux citoyens l'accomplissement de leurs devoirs par la vertu d'où naissent toutes les joies, toutes les félicités de la vie.

Ce culte ne peut être enseigné par aucun citoyen célibataire ou ayant manqué aux devoirs de fils, de père, d'époux et de citoyen.

Les vérités fondamentales de ce culte devront être enseignées dans toutes les écoles publiques. Elles sont les chartes célestes de la République. Les maîtres d'école seuls seront les prédicateurs. Il n'y en aura point d'autres. Tous seront égaux. Il n'y aura ni sous-prêtres ni supérieurs, excepté par la science et la vertu. Inutile d'ajouter qu'ils peuvent monter par l'élection jusqu'à la magistrature et la présidence. Le maître d'école enseignant la *vertu* et le juge pratiquant la *justice*, sont les piliers spirituels de la société.

3e DÉCRET.

LES DIFFÉRENTS CULTES.

Le culte est facultatif. Dès que quelques-uns, les plus dignes, enseignent la vertu, il suffit que d'autres citoyens pratiquent la justice pour assurer à la société l'ordre et la liberté.

L'État ne payant plus que les maîtres d'école, il n'y aura plus de budget de culte. *Tous les cultes seront libres*, mais les fidèles seuls pourvoiront aux frais de leur culte. En outre, les prêtres de tous les cultes seront librement élus par les fidèles, depuis le curé jusqu'à l'évêque. Chaque évêque est maître absolu du culte de son diocèse. Mais il lui est défendu, *sous les peines les plus sévères*, d'entretenir des relations avec un évêque étranger, *quel que soit son nom*, ni d'obéir à ses commandements, *quand ils sont contraires aux lois de la République*. La justice veut que tout citoyen ne reconnaisse d'autre loi que celle des législateurs de la patrie. Il est permis à un homme de se tromper, même de prêcher l'erreur, mais c'est de la haute trahison de conspirer contre la loi de son pays avec un prince de l'étranger et de s'en déclarer *l'instrument aveugle sous le masque de la religion*. La justice ne se venge pas ; mais en vertu de sa nature, tout manquement au devoir doit entraîner la perte des droits. Or, comme la soumission à un pouvoir absolu étranger peut produire et produit immanquablement du trouble, de l'anarchie et la guerre civile, causant sûrement la mort d'un grand nombre de citoyens, le criminel, après avoir reçu des avertissements, doit subir la même peine. L'épargner, lui pardonner, c'est comme si le laboureur voulait épargner la mauvaise herbe sans l'arracher. En très-peu de temps, malgré les labeurs et les ensemencements, la mauvaise herbe dévorerait jusqu'au dernier des épis. Le bon se corrompt par le contact du mauvais. Le mauvais ne devient jamais meilleur par le contact du bon. C'est une loi de la nature. C'est pourquoi la vertu et la justice du passé ne suffisent plus pour le présent. Il faut toujours la même somme de vertu et la même somme de justice. La société aura toujours sa mauvaise herbe, sous différentes dénominations. Qu'elle ne l'arrache pas par la justice, en très-peu de temps, elle en sera envahie et dévorée.

4e DÉCRET.

L'IMPOT DIRECT, L'USURE

La société ayant à pourvoir à l'enseignement du devoir volontaire par la vertu et à l'obligation du devoir forcé par la justice, les devoirs obtenus par l'enseignement et la justice garantissant avant tout le travail prospère et son épanouissement, soit le travail du passé (propriété), soit le travail du présent (paix et prospérité), soit le travail de l'avenir (crédit), il est de toute justice que ceux-là seuls qui profitent de ces lois en paient les frais.

Les impôts donc avec lesquels se paient l'enseignement et la justice doivent être exclusivement payés par le travail prospère du passé, du présent et de l'avenir. Le pauvre travailleur qui n'a que son salaire ne doit payer aucun impôt *ni direct, ni indirect.*

Son premier devoir est le travail. Il n'en doit pas plus à la société. Sa dette d'argent ne commence qu'au moment où le bénéfice de son travail dépasse le strict nécessaire pour lui et sa famille.

Les premiers impôts donc ne seront prélevés que sur les bénéfices du travail — (quel qu'il soit), au-dessus de six pour cent, taux moyen nécessaire attribué au capital, travail du passé.

La liberté de l'usure est une des plus infâmes niaiseries des nains intellectuels du XIXe siècle. Nul grand législateur ne l'a jamais admise. Elle est une des causes les plus puissantes de nos troubles modernes dans le commerce et l'industrie.

Le capital n'est autre chose que le travail accumulé du passé. Si le passé est libre de se dégager de tout devoir envers le présent, le présent à son tour se dégagera de tout devoir envers l'avenir, et que deviendrait une société sans devoir ? Un champ de bataille en permanence!

Peu de temps après, un désert, un chaos!

Les sociétés de tous les temps sont solidaires les unes

des autres. De même qu'aucun enfant nouveau-né ne trouverait ni nourrice, ni nourriture, ni air sain, ni habillement, ni instruction pour devenir un homme, si le passé, par ses devoirs accomplis, n'avait garanti aux ancêtres, aux aïeux, aux pères les fruits de leurs travaux, de même il n'y a pas de travail actuel possible sans les fruits du travail passé.

Il faut donc absolument que le *Capital*, (travail du passé), plus fort que le travail du présent (l'ouvrier), plus fort que le travail de l'avenir (le crédit), *soit forcé de faire son devoir par la Justice, en cas qu'il ne le remplisse pas par vertu.*

Ce devoir consiste à se prêter au présent et à l'avenir, *moyennant une redevance légale convenue par la justice sociale et nullement dictée par le fort au faible;* redevance satisfaisant les intérêts du fort, et les intérêts du faible.

Moïse a aboli l'usure tout à fait. Puis le Pentateuque d'Esra revient sur ce décret et ne maintient l'abolition que pour les israëlites seuls. Aujourd'hui une loi n'en est pas une si elle n'est pas universelle. Le travail du passé doit faire son devoir. Mais ce devoir fait, il doit jouir de ses droits.

Un taux légal est donc d'une nécessité absolue dans toutes les transactions de la vie sociale, même pour les loyers représentant le capital, le travail du passé.

Autrement, en très-peu de temps le capital exploite le travail, provoque des révolutions sanglantes, qui dévorent et le capital et le travail.

L'impôt donc doit être prélevé sur toutes les transactions qui rapportent plus de six pour cent que le capital prélève. *Un dixième du bénéfice doit être versé dans les caisses publiques, de même un dixième du revenu au-dessus du taux légal.* On s'en rapportera aux déclarations des citoyens. Mais toute fraude entraînera la confiscation de toute la fortune et la défense de continuer le commerce.

Cet impôt suffira et au delà pour les frais de l'enseignement et de la justice en temps de paix.

On trouvera facilement des mesures contre les mauvais citoyens qui voudraient n'employer leur capital que pour l'étranger. D'abord cette loi, tôt ou tard, sera universelle. Mais ne le fût-elle pas, la *société du devoir* peut prendre des mesures auxquelles la *société du droit* n'a jamais pensé. L'homme dès sa naissance *doit* tout à la société, jusqu'à ce que devenu lui-même un membre utile, il ait payé sa dette comme homme et citoyen. Cette dette payée, alors seulement commence pour lui l'ère des droits. Pas avant!

5e DÉCRET.

LES IMPOTS INDIRECTS.

Dans une société primitive comme celle de l'Amérique, aucun impôt indirect, pesant sur le travailleur pauvre ne serait ni juste, ni légal. Mais dans une vieille société comme la France monarchique ou impérialiste, ne laissant à ses descendants que des dettes, ayant mangé son blé en herbe, n'ayant planté aucun devoir et dévorant tous les droits jaillis des devoirs accomplis du passé; il est presque impossible d'échapper à toutes sortes d'impôts indirects.

Pourtant tout contrat étant mutuel, aussi bien entre deux êtres présents qu'entre le passé et le présent; si la société actuelle paie sa dette au passé, en respectant la propriété que le passé a gagnée, en payant les dettes que le passé a contractées pour faire ses devoirs, elle n'a, par contre, pas de droits à accorder au passé quand ce passé a manqué à ses devoirs envers le présent. Au contraire, ce devoir manqué annulle tout droit.

Il ne serait donc pas illégal ni injuste qu'une *dette du passé contractée par l'injustice et le vice représentés par un pouvoir despotique ou anarchique,* fût déclarée nulle par une Assemblée nationale. Cette extrémité, toutefois, doit être évitée autant que possible.

Jamais pouvoir ne devint despotique, sinon pour pouvoir être vicieux avec impunité. L'honnêteté, la vertu n'ont que faire d'un pouvoir absolu sans contrôle sérieux. Jamais coup d'État ne se fit que pour mettre la main sur le budget et en disposer à volonté. On n'a pas besoin d'être le maître absolu pour faire de grandes choses justes. L'injustice seule réclame la dictature. La vertu et la justice, n'ont besoin que de la loi et la loi n'en est pas une si elle n'est pas consentie librement par tous ceux qui se lient par elle.

6e DÉCRET.

LES INVALIDES CIVILS.

L'homme est un être *social* longtemps avant d'être un citoyen *individuel*.

Ayant accompli son devoir envers lui, ses parents et ses aïeux, lui ayant par la justice et le travail garanti, assuré son enfance, son adolescence, sa croissance virile, sa vie, sa santé, son instruction, son éducation, la société est dans son droit d'exiger avant tout que cet individu, quel qu'il soit, remplisse, à son tour, ses devoirs envers elle, d'où jailliront non-seulement les droits de l'individu même, mais ceux de tous les citoyens présents et futurs.

L'homme n'a donc pas le droit de refuser le travail, à moins qu'il ne vive du travail de son père, non sans que ce travail du passé (la propriété) accomplisse volontairement ou forcément ses devoirs envers le travail du présent.

Il n'y a donc, il ne peut pas y avoir de pauvres dans une société du Devoir, excepté : les enfants, les malades, les vieillards et les infirmes.

Envers ceux-là la société n'a que des devoirs à accomplir.

Tout homme valide est tenu à travailler pour accomplir les devoirs qu'il *doit* à la société.

Et pas de prétexte possible ! Il ne pourra pas dire : Je ne veux travailler qu'à Paris, à mes heures ou à ma convenance !

Dès qu'un homme ne se suffit pas par le travail qu'il a choisi, ou qu'il menace de troubler le travail du voisin, il tombe sous la loi de la justice.

Il y a toujours du travail quelque part. S'il n'y en a pas à Paris, il y en a en Algérie, en Amérique, aux

Indes. La terre, si elle était cultivée, aurait des fruits pour 300 milliards d'êtres de plus. La société a, non le droit, mais *le devoir* de l'obliger au travail honnête, sous peine de le condamner au travail forcé, où, comme nous le verrons, il aura son salaire, et s'il commet le crime de se révolter en tuant un autre travailleur, il doit être retranché de la société sans miséricorde. (Voir le *Décret de la Justice.*)

Par contre, quand un citoyen, depuis l'âge de vingt jusqu'à soixante ans, a payé sa dette, par l'accomplissement honnête de son devoir du travail, sans que ce travail fût assez lucratif pour lui assurer l'aisance dans sa vieillesse, LA SOCIÉTÉ LUI DOIT UN MORCEAU DE PAIN ASSURÉ : FAUTE DE CE DEVOIR ACCOMPLI, ELLE EST MENACÉE DANS TOUS SES DROITS, QUELLE QU'EN SOIT LA FORME POLITIQUE.

La morale pour toutes les actions humaines se réduit à peu de mots, à une loi universelle : « *Fais à ton semblable ce que tu voudrais qu'on te fît.* Et pour corroboratif : *Quiconque manque à ses devoirs perd ses droits.*

La société, outre l'enseignement aux enfants, y compris l'enseignement professionnel, doit assistance aux malades et aux infirmes *et un morceau de pain assuré à tous les invalides du travail, hommes et femmes, selon leurs forces et leurs aptitudes.*

En dehors de ces devoirs, nul travail, ni du passé, ni du présent n'est assuré, même quand le capital se l'associera dans les bénéfices, ce qui aura lieu naturellement quand le travail sera assuré de son avenir.

L'État ne peut pas intervenir directement entre patrons et ouvriers, car il ne sait pas si le capital prospérera ou non, ou prospérant, s'il maintiendra sa prospérité. Mais l'État doit faire son devoir envers ceux qui ont fait les leurs envers lui. *Quand le travail sera sûr d'avoir du pain pour sa vieillesse et que ses enfants trouveront de l'instruction gratuite, il gagnera toute sa liberté vis-à-vis du capital, qui s'empressera par cela même de se l'associer. Cela fait, il restera à l'État très-peu d'invalides civils à nourrir.*

Tout devoir rempli rend les droits faciles.

7e DÉCRET.

LES ASSURANCES.

La société garantissant par l'enseignement et la justice le travail et la fortune de tous, garantissant à ses membres le pain spirituel contre l'ignorance, et le pain matériel pendant la maladie (hôpital) et l'infirmité (vieillesse), il est de son devoir aussi bien que de son droit de tirer tout le parti possible de toutes les autres assurances contre l'incendie, le ravage des éléments et les risques de la vie.

D'abord ces assurances ne reposent que sur celles de l'État.

Si l'État n'assurait pas contre l'incendiaire et l'assassin, l'assurance privée ne saurait exister.

C'est l'État qui supporte les frais contre les incendies par l'entretien des pompes et des pompiers, contre les éléments par l'entretien des digues, des canaux et des forêts et contre les assassins par l'entretien de la justice.

Les assurances privées exploitent donc l'assurance de l'État, lui laissant les devoirs et lui prenant tous les bénéfices du Droit.

Ces assurances, chose incroyable, là où elles seraient nécessaires et utiles, dans les catastrophes de bombardement ou de dévastation par la guerre, se récusent en rejetant effrontément tous les frais sur l'État.

Elles ont tous les bénéfices sans avoir la moindre charge.

Elles ne font pas comme tant d'autres entreprises publiques (telles que le gaz et les chemins de fer), retour à l'État, après un laps de certaines années.

L'État donc qui a accordé à ces assurances *le droit sans devoir* d'exploiter et la société collective et les citoyens individuels, a manqué à tous ses devoirs.

Elles doivent donc rentrer forcément à l'État, qui nommera de vrais experts, des magistrats estimant la propriété assurée à sa valeur la plus basse, avant de prendre une assurance, laquelle valeur sera payée à l'assuré un mois après le désastre, défalcation faite par expertise de la propriété sauvée, également selon sa valeur la plus basse et vendable au premier venu.

L'État assurera contre la guerre et les grandes catastrophes, puisque déjà dans ce cas la patrie entière paye pour des provinces ou des villes.

Les actionnaires de ces assurances ont depuis longtemps touché des intérêts usuraires couvrant cent fois le capital engagé. Mais comme il peut y avoir de nouveaux acquéreurs, l'État leur assure 6 p. 100, nouveau taux légal du capital représenté par l'action primitive, et un dixième du bénéfice au-dessus pendant trois générations, c'est-à-dire pendant trente ans.

Ce temps passé, toutes les assurances contre l'incendie, la grêle, les accidents maritimes, les ravages des éléments et les accidents des chemins de fer *seront obligatoires.*

C'est un impôt sur la propriété, sur le travail du passé, en faveur du travail du présent, afin de pourvoir aux frais de l'instruction des enfants du pauvre et des invalides civils, ayant l'âge de soixante ans.

8e DÉCRET.

LES CHEMINS DE FER.

Dans le contrat fait entre l'État et les actionnaires des chemins de fer, il se trouve une clause, en vertu de laquelle l'État peut racheter les chemins contre remboursement calculé sur la moyenne des revenus des trois dernières années. Ce moment est arrivé. Les événements de 1870 ont prouvé l'immense influence des chemins de fer sur la guerre. Non-seulement l'État ne doit rien payer pour le transport de l'armée, même en temps de paix pour le rassemblement des troupes, mais tous les chemins doivent être en rapport les uns avec les autres et ne doivent avoir qu'une seule et même administration, qu'un seul et même tarif. L'influence des chemins de fer sur les aliments du peuple, sur la prospérité du commerce, de l'industrie et de l'agriculture n'est plus à discuter. Ils sont aussi nécessaires à l'État que le cours des rivières, les routes, les postes et les télégraphes. Il n'y aura d'ailleurs pas deux administrations. Les chemins, les postes et les télégraphes n'en auront qu'une seule, et la responsabilité des chefs sera chose réelle, comme celle des commandants de l'armée.

Tout Français, mâle ou femelle, sera, dès la naissance, assuré contre les accidents des chemins de fer, moyennant une somme fixe par an. C'est le jury qui fixera les indemnités ou la rente à payer aux malheureux estropiés ou aux parents survivants, et cela trois mois après l'accident. L'administration sera tenue en outre de pourvoir à tous les soins pour les malades. Libre à ces derniers de se faire soigner eux-mêmes aux dépens de l'administration.

Les chemins de fer rentrés à l'État seront arrangés de manière à ce qu'une armée entière d'un million d'hommes puisse être transportée en trois fois vingt-quatre heures d'une extrémité du pays à l'autre. Des manœuvres à ce sujet auront lieu toutes les années, vers la fin de l'automne. Il y aura d'ailleurs dans l'armée des bataillons particuliers instruits et expérimentés non-seulement pour détruire et reconstruire des chemins de fer et des télégraphes, mais en cas de besoin pour fournir des conducteurs, des mécaniciens et des chauffeurs à tous les trains nécessaires en cas de guerre.

Tous les employés *actuels* qui ont toujours fait leur devoir seront maintenus. On ne révisera que les appointements pour rendre justice à qui de droit.

9e DÉCRET.

LES LOIS DE L'AMOUR.

Dans la société *des Devoirs de l'homme*, il n'y a pas de différence entre l'homme et la femme. Tous deux, égaux d'intelligence, d'aptitude et de capacité, autant qu'un mortel peut être l'égal de l'autre, par les devoirs accomplis, jouissent et doivent jouir des mêmes droits, sans exception. Exclure les femmes d'une fonction, c'est priver la société d'une force, qui, déviée et stérilisée pour le bien, se fraye mille routes souterraines pour le mal. Tous deux sont des êtres sociaux avant d'être des individus. Toux deux *doivent* à la société leur vie, le pouvoir de croître et d'acquérir des forces physiques et morales, avant de songer à réclamer une dette. Tous deux sont tenus de faire leurs devoirs de fils et de fille, de mari et de femme, de père et de mère, de citoyen et de citoyenne, avant de songer à réclamer des droits particuliers. Si l'enseignement moral ne peut les engager à ces devoirs *volontaires* au nom de la *Vertu*, la société les leur imposera au nom de la *Justice* et le leur apprendra de manière à les graver dans leur mémoire pour toute leur existence. Autrement, quelle que soit la forme du gouvernement, les chefs du pouvoir fussent-ils des anges, il n'y a ni ordre ni liberté possibles.

La femme étant créée pour être épouse et mère, *n'est pas libre de se prostituer, pas plus que l'homme n'est libre de vendre son honneur*. La beauté n'a pas été donnée à la femme pour la stériliser. La beauté, comme l'esprit, comme la santé, *est une force. Nulle force n'existe pour soi*. Dans la société *des Droits de l'homme*, la force, ne vivant que pour ses droits, la beauté, se prostituant à volonté, se soustrait à tous les devoirs d'épouse et de mère, laissant ces soins aux laides et aux déshéritées du sexe feminin. A la courtisane les hommages dus à la vertu. A elle le pouvoir des hommes. A elle tous les droits de l'amour sans les devoirs de la maternité ! Les devoirs dans une société pareille sont dévolus aux femmes malheureuses et honnêtes sans aucun droit collatéral. D'un côté des esclaves du devoir, de l'autre des maîtresses du droit !

Si la loi de la nature suivait les mœurs des hommes, une société pareille pourrait exister. Mais la loi de la nature, la loi de Dieu, est inexorable. Elle ne détache pas l'effet de sa cause. Donc, que les hommes le veuillent ou non, qu'ils maximent leurs pratiques ou non, qu'ils élèvent des erreurs en vérités officielles ou officieuses, la loi n'en changera pas pour cela un seul jour.

Non-seulement la société qui manque à ses devoirs perdra tous ses droits naturels en moins de quarante ans, mais les hommes qui ont toléré un état de choses pareil perdront inévitablement dans le même espace de temps et leur liberté, et leur fortune, et leur famille, et leur cité, et leur patrie !

Et tout cela d'une manière bien naturelle, sans miracle ni mystère.

Dès qu'il est permis à la beauté de se prostituer, il n'y a plus de famille possible. Le jeune homme ne se marie plus. Le mariage est un devoir, devoir d'hygiène pour le père et le mari, devoir social pour le citoyen, payant sa dette qu'il doit au passé et à l'avenir. En très-peu de temps le mariage même n'est plus qu'une ignoble spéculation de lucre et d'adultère. En moins de trois générations les hommes débilités, dévirilisés par la beauté prostituée, vieillis avant l'âge, chauves, perclus et ramollis, ne sont plus capables d'engendrer un citoyen sain d'esprit et de corps.

Car voïci la différence sexuelle entre l'homme et la femme, différence inscrite dans la nature même.

La femme peut se prostituer, sans même compromettre sa santé : l'homme ne le peut pas, sous peine de périr en peu de temps.

Et si, violant toutes les lois de son sexe, l'homme arrive par un infâme vice à pouvoir se prostituer, il doit être frappé de la peine de mort, sans merci ni miséricorde !

La prostitution de la femme est donc un crime capital, crime de lèse-devoir envers elle-même, envers l'homme, envers l'enfant, envers la famille et la société.

Nul prétexte ne justifie la prostitution. La femme devrait plutôt mourir. Morte, elle est plus utile à sa patrie que vivante et prostituée.

La virginité de la femme est la dot divine que le Créateur lui a octroyée comme diplôme d'épouse. L'homme ne travaille pas pour sa famille, s'il n'est pas sûr de sa paternité, s'il n'est pas sûr de la vertu absolue de sa femme.

La monogamie d'ailleurs est inscrite dans la nature de la femme même. Elle a un privilége mensuel que nulle autre femelle de la création ne possède. Ce privilége qui rend la femme en tout temps capable de remplir ses devoirs d'épouse, ne lui a été accordé — tous les hommes de génie sont d'accord à ce sujet — que pour rendre la monogamie non-seulement possible, mais obligatoire.

La monogamie en outre assure à la société le nombre d'enfants voulus pour le travail et la postérité.

La polygamie, c'est un *droit de l'homme sans devoir.* C'est le despotisme brutal conduisant forcément au crime monstrueux de l'eunuquage, crime qui, sacrifiant cent mille malheureux garçons à dix mille eunuques, prive ces derniers mêmes de tous leurs droits naturels et ne leur laisse que de stériles devoirs. La polygamie d'ailleurs produit un trop grand nombre d'enfants dans les mêmes familles, entretenant la guerre civile en permanence.

Quant à la polyandrie, pure prostitution, elle produit encore de plus grands maux. Seule, la monogamie est la loi naturelle. Elle est un devoir de l'homme, le premier entre tous. Elle seule garantit tous les droits de la femme ; mais elle n'est possible que par l'abolition complète de la prostitution de la femme, soit comme devoir volontaire (vertu), soit comme devoir forcé (loi sociale).

Et de même que la prostitution est une violation du devoir, de même la chasteté absolue est un vice qu'il faut combattre, et par l'enseignement de la vertu et par la justice. Nul mortel, homme et femme, n'a le droit de se soustraire aux lois légitimes de l'amour, lois divines et naturelles, lois sans lesquelles l'univers croulerait en peu de temps.

Nulle femme avant quarante-cinq ans, aucun homme avant cinquante-cinq ans, ne doit pouvoir entrer dans un couvent, ni faire vœu de chasteté.

Dans aucune religion un célibataire avant l'âge de cinquante-cinq ans ne doit pouvoir être élu maître d'école et prêtre.

C'est par l'amour que l'homme et la femme accomplissant leurs devoirs, constituent une famille, une cité, une patrie. Sans ces devoirs accomplis, ni les animaux, ni les végétaux, ni les minéraux n'existeraient dix ans. Les planètes mêmes se disloqueraient. La terre ne serait plus qu'un vaste désert peuplé seulement d'animaux de proie, se livrant une bataille perpétuelle et se dévorant les uns les autres. *Les animaux de mal qui existent encore aujourd'hui ont surgi des injustices, des cruautés, des guerres, des droits sans devoirs de l'homme.* Le mal vient exclusivement de l'ignorance et de l'iniquité de l'homme. Comme l'insecte qui germe dans la malpropreté de l'homme, l'animal de proie, l'insecte de la terre, surgit de la malpropreté du globe, quand l'homme ne la cultive pas d'après l'exigence de son devoir.

Les éléments eux-mêmes sont dépendants de la vertu et du vice de l'homme, le seul être ayant la liberté du bien et du mal et qui entraîne tout d'après son discernement et son option. Dieu a voulu que l'homme fût le propre créateur de son bonheur ou de son malheur, et l'homme a mieux aimé la liberté même dans le malheur que l'esclavage dans le bonheur !

Là gît sa grandeur !

Le Créateur a encore voulu qu'à chaque devoir fût attaché un plaisir. Comme l'amour est le premier devoir de l'homme et de la femme, afin d'assurer l'avenir de la société, la nature y a rattaché le plaisir le plus parfait, la volupté, plaisir qui saisissant à la fois l'âme et le corps, palpite, retentit dans toutes les fibres de l'organisation.

La femme n'a donc pas le droit de se prostituer, ni de se vouer à la chasteté absolue.

Ces devoirs accomplis, il faut que la société lui assure ses droits. Ces droits, d'ailleurs, jaillissent tout seuls des devoirs accomplis.

Le devoir de ne pas se prostituer crée le droit au mariage. La vertu de la femme, ou la justice qui la lui impose, doit forcer l'homme de se marier. Une fois la prostitution abolie, l'homme sera forcé de trouver les moyens pour se marier jeune. Marié, la loi lui *enseigne* ses devoirs de mari et de père et au besoin la justice les lui imposera.

Si donc l'homme manque à son devoir volontaire, il faut que la justice intervienne pour le lui imposer sous peine de lui retirer tous les droits. *Nul célibataire ne sera admis au citoyennat. Il ne pourra remplir aucune fonction, ni civile, ni politique. Il ne sera émancipé que par le mariage.*

Et comme la société garantit à l'homme du travail quelque part, comme elle donne de l'instruction à ses enfants, comme elle assure sa vieillesse, comme elle dissout le mariage incompatible par le divorce, l'homme n'a plus aucun prétexte pour ne pas se marier. Par les lois qui précèdent le droit de la femme est garanti.

La prostitution, sous n'importe quelle forme, est donc formellement déclarée un crime social. La prostituée et son complice pourront être transportés aux îles. En cas de récidive dans le vice, ils doivent être retranchés de la société, comme des membres gangrenés.

Comme tous les citoyens seront mariés dès l'âge de vingt-cinq ans, le divorce est forcément rétabli, mais seulement pour adultère constaté. Si un jeune homme est le complice de la femme adultère, il sera forcé d'épouser la divorcée sans pouvoir jamais divorcer à son tour. Pour toute autre raison grave le divorce n'est admis qu'au bout d'une année de délai et par le jury.

Dans la première année du mariage, si la guerre éclate, le mari n'est pas forcé de marcher contre l'ennemi. Il sera employé dans l'endroit où réside sa femme. Le jeune homme qui séduit une jeune fille sera forcé de l'épouser, sans avoir le privilége du divorce. S'il la rend mère et qu'elle refuse de l'épouser, il faut qu'il nourrisse et élève l'enfant jusqu'à l'âge de dix-huit ans. La société doit le forcer de travailler pour son enfant, s'il refuse de faire son devoir librement.

Ce sont les lois qui font les mœurs et non les mœurs qui font les lois.

La véritable richesse d'un père et d'une mère consiste dans une nombreuse famille, surtout quand leur veillesse est assurée contre la misère. Quand tout a disparu, fortune, propriété, amis, l'enfant reste avec sa tendresse et son travail. Sur plusieurs enfants, il y en a toujours un bon.

Les pères et mères seuls qui ont une nombreuse famille élèvent bien leurs enfants, et ne les gâtent pas. Ceux qui en ont peu en font des monstres de fausse tendresse et de vanité, se préparent des douleurs sans fin et élèvent à l'État de détestables citoyens, sans compter qu'ils les perdent souvent après les avoir élevés. Car ayant manqué à leurs devoirs, ils perdent toujours leurs droits.

Et quant à l'État, il n'a pas d'autre fortune assurée, d'autre garantie de durée et de liberté que le grand nombre et la grande santé et la grande vertu de ses enfants. Un État qui admet la prostitution et le vœu de chasteté, non-seulement ne trouvera en peu de temps plus assez de défenseurs contre le premier envahisseur venu, mais ceux-là même qui restent sont frappés dans leur force physique et spirituelle.

La jeunesse alors n'est plus jeune, l'âge mûr sent la vieillesse et la vieillesse n'est que la décrépitude. Au lieu d'avoir des âmes fortes dans des corps sains, ils n'ont plus ni âmes ni corps.

Et l'envahisseur vient toujours. C'est la loi de la nature. Il vient comme l'insecte vient dans la plaie, comme le ver surgit dans la charogne.

Jamais vainqueur par la force brutale n'a été autre chose qu'un ver de charogne, qui après avoir grouillé, après s'être soûlé de sang, après avoir pris des poses de héros, tantôt sur la tête, tantôt sur la queue (car ces deux extrémités s'y confondent), disparaît lui-même et sert d'engrais à une plantation nouvelle.

Il faut que le mal se dévore soi-même. Autrement la liberté de l'homme ne serait pas possible !

10e DÉCRET.

LE DROIT DE TESTER.

Dans la société *des Droits de l'homme*, les enfants jouissent de tous les droits avant d'accomplir aucun de leurs devoirs ; les parents, à leur tour, font tous leurs devoirs sans être certains de récolter un seul droit. Rarement la société est forcée d'intervenir pour engager les parents à faire leurs devoirs envers les enfants. C'est une vertu que la nature elle-même a plantée dans les cœurs des pères et mères. Elle ne vient à défaillir que quand l'un des conjoints manque à l'autre.

Faute de père ou de son amour pour la mère, cette dernière, folle de douleur, est capable de se venger sur l'enfant. Ce sentiment se retrouve même chez les bêtes qui sont peu inférieures aux hommes. Nul législateur n'a eu besoin d'ordonner aux pères et mères d'aimer et de nourrir leurs enfants, mais il n'en est pas un seul qui n'ait ordonné aux enfants d'honorer père et mère. Moïse, le plus expérimenté des législateurs, dont toutes les lois sont basées sur l'observation de la loi naturelle, a ajouté « afin que tu vives longtemps. » Dans ma longue carrière, je n'ai jamais vu un enfant ayant travaillé pour père et mère, les ayant aimés et honorés, ne pas réussir dans la vie. Ceux qui au commencement de la vie conjugale n'étaient pas très-heureux, ont trouvé d'ineffables félicités dans le bonheur de leurs enfants qui les ont adorés. Nul fils, nulle fille désobéissant à ses père et mère n'est heureux ni dans le mariage, ni dans ses enfants.

Il serait curieux de faire une enquête historique à ce sujet. Moi je l'ai faite pour toute ma famille, pour toutes mes connaissances.

Seule, la loi française, dont la base est une erreur spirituelle, ne produisant que des horreurs matérielles, *garantit les enfants contre les parents, au lieu de garantir les parents contre les enfants.* Qu'un fils soit le dernier des gueux, que la fille soit la dernière des coquines, fils et fille ne peuvent être déshérités, et si précoce que soit en eux le vice, les parents n'ont aucun recours contre leurs droits sans devoirs inscrits dans le Code. A quoi bon d'ailleurs être laborieux, vertueux, puisque dès l'âge de dix-huit ans le fils d'un père riche sait combien de fortune lui reviendra? Le papa, il est vrai, le plus souvent n'est pas venu au monde riche; il a gagné sa fortune en travaillant; mais, comme m'a dit un de ces crevés, « Est-ce que je lui ai demandé d'être mon père? Il m'a créé, c'est à lui de pourvoir à tous mes besoins. » En effet, l'homme n'est pas consulté pour venir au monde, pas plus que pour le quitter. Pourtant si la vie avec ses devoirs ne lui plaît pas, libre à lui de s'en délivrer. C'est cette liberté qui distingue l'homme des autres créatures. C'est précisément parce que l'homme vient au monde sans être consulté, que la société, sans le consulter davantage, le force de faire son devoir. S'il le fait volontairement il peut être heureux et donner le bonheur à d'autres. Sinon, il doit être forcément voué au malheur, à moins qu'il ne préfère la mort. Le jeune homme, la jeune fille, nourris, élevés, instruits, n'ont absolument aucun droit à réclamer. Ils n'ont que des devoirs à accomplir pour payer leurs dettes à leurs parents d'abord, à la patrie après.

Et pour qu'en cas de révolte ils puissent être astreints à ces devoirs, il faut que les parents arrivés à l'âge où ils doivent récolter les droits poussés sur leurs devoirs accomplis, aient le pouvoir de faire une distinction entre le bon et le mauvais fils, entre l'honnête et la malhonnête fille, et qu'il puissent leur dire : « Toi, misérable, je te voue à la misère, et s'il faut à l'éternelle honte. »

Il faut donc que les parents, mais les deux réunis, à défaut de pouvoir les livrer à la justice, puissent déshériter leurs enfants vicieux et désobéissants. Quand une mère consent à déshériter un fils, ou un père à abandonner sa fille, il faut que ces enfants soient de monstrueux gredins.

C'est dans les enfants que l'on reconnaît la main du Créateur et la liberté de l'individu. Ils sont douze. Ils ont le même père, la même mère. Ils ont tous le même air de famille. Eh bien, pas un ne ressemble moralement, spirituellement à l'autre. A côté de l'épi doré et plein pousse et fleurit le coquelicot le plus vide, le plus insipide. La justice de Dieu commence déjà dans le germe de l'enfant.

Pourtant ce déshéritement ne doit pouvoir se faire que publiquement devant un jury composé des trois plus âgés citoyens de la commune, connaissant tous les tenants et les aboutissants de la famille. Un jury étranger pourrait se tromper.

S'il n'y a plus que le père ou la mère le même jury décidera.

Un fils tout à fait dénaturé, un fille dévergondée doivent pouvoir être condamnés à la déportation et en cas de tentative de voies de fait envers leur parents, à la peine de mort.

11e DÉCRET.

LA PROPRIÉTÉ LITTÉRAIRE.

Depuis la proclamation de la propriété littéraire il n'est pas sorti, d'une langue européenne, un seul chef-d'œuvre, un seul livre qui soit devenu classique, qui ait contribué à la propagation d'une vérité, à l'ennoblissement d'un devoir. Il en sortirait un, la presse, grâce à son origine mercantile, ne saurait plus le reconnaître.

Triste phénomène en effet, mais logique, inévitable!

La littérature d'un peuple n'est pas un amusement, un spectacle, un passe-temps. C'est l'âme même de la nation. C'est le cerveau soutenant le corps national, d'où sortent tous les mouvements, bons ou mauvais, toutes les volontés, glorieuses ou honteuses.

La littérature d'un peuple dans toutes les manifestations est et doit être un idéal perpétuel de vertu et de justice, retenant les hommes sur la pente des vices et des iniquités. Aucune nation sans une littérature d'idéal n'a pu durer, pas plus qu'un corps sans raison spirituelle. Plus l'idéal d'une nation monte vers les hauteurs de la vérité absolue, plus cette nation, saine d'âme et de corps, acquiert gloire et prospérité, vivant heureuse, respectée, aimée de génération en génération. Il n'y a d'autre immortalité que *dans* la vérité, que *par* la vertu!

Le Créateur de toute chose, quel que soit son nom, a bien indiqué, par les lois de la nature, que la pensée de l'homme, venant directement de lui, comme qu'elle soit exprimée, n'est pas une propriété individuelle, pas plus que Dieu lui-même, appartenant à toutes les créatures et n'existant que pour elles.

Aucune propriété n'est *ubiquiste* ni *éternelle*. Une propriété est un acquet par le travail de l'homme, acquet qui a toujours besoin du même travail. Attachée au sol ou à un objet mobilier, elle est soumise aux lois du temps et elle doit forcément disparaître. Ce qui ne rentre pas dans cette catégorie *n'est pas une propriété ni ne saurait l'être, sous peine de détruire tout l'édifice de la société en très peu de temps.*

Une maison, un champ, une marchandise, une lettre de change est une propriété. Non-seulement ces choses-là sont matérielles, réduites à un espace circonscrit, se détruisant par le temps, mais pour en jouir il faut toujours renouveler le même travail qu'il a fallu pour les acquérir. La maison tomberait bien vite en ruine si on ne l'entretenait pas. Le champ a besoin d'être labouré et ensemencé tous les ans. La lettre de change a besoin du crédit d'un individu ou d'une société. Ainsi de toute propriété acquise à la sueur du front. Si d'un cep de vigne ou d'un billet, on pouvait, comme d'un livre, tirer un million d'exemplaires sans dépenser plus de travail que le papier et le tirage et sans aucune autre garantie personnelle ou sociale, personne ne *tolérerait une proprieté pareille.* Si une miche de pain pouvait se multiplier avec les frais seuls des fours et du pétrin, on assassinerait et avec raison, celui qui oserait s'en déclarer le propriétaire.

Encore ces vivres ne dureraient pas au delà d'un certain espace de temps ; ils se corrompraient, tandis qu'un manuscrit copié ou un livre dure une éternité.

Point n'est besoin d'établir la vérité qu'un auteur n'est jamais le propriétaire de sa pensée, fût-elle divine. Il l'a toujours prise à un autre. Ne l'eût-il pas prise, fût-il le plus grand révélateur, cette pensée lui vient de son Créateur. Le génie est une force. Toute force n'existe que pour les faibles. De même, toute science pour les ignorants. Telle est la loi du devoir. Telle est la loi de Dieu et de la nature. Que la société soit reconnaissante ou non, le premier devoir du génie c'est de penser pour ses concitoyens, pour ses semblables. Ce devoir accompli, il peut être certain qu'il cueillera son droit et pardessus une gloire éternelle. La gloire n'est acquise qu'au devoir accompli, ne réclamant pas de droits, ou qui ne peut être récompensé par un droit quelconque.

Que s'il songe à *des droits matériels*, avant de faire son devoir, ce mortel, ce génie, ce savant, ce talent, de bienfaiteur qu'il devrait être, devient un véritable fléau, l'image vivante de Satan. Satan n'a jamais été autre chose qu'un génie prêchant aux hommes le Droit avant le Devoir et les poussant à l'enfer. Et il n'y a jamais eu d'autre enfer que l'anarchie et le despotisme, l'une, la guerre civile, l'autre, la guerre étrangère, toutes deux conduisant à l'esclavage et au néant.

Inutile d'ajouter que la pensée est ubiquiste et éternelle comme Dieu. Le tableau, la statue seront détruits par le temps. Pour chaque tableau il faut le même travail. La gravure, la photographie, la lithographie ne rentrent déjà plus dans la catégorie de la propriété, excepté pour le prix du papier, du tirage et du travail qu'il faut pour chaque exemplaire; de même pour chaque livre. Mais le vers d'Homère reste éternellement tel qu'il a jailli du front de ce Jupiter. Il est partout le même. *Il ne peut être une propriété.* Il n'appartient pas plus à Homère qu'à la Grèce. S'il y avait eu un droit de propriété du temps d'Homère, jamais les siècles postérieurs n'eussent connu un seul vers de ce poëte, encore moins d'Eschyle attaquant les dieux, et qui aurait été vendu par un propriétaire de ce temps à un temple idolâtre, qui l'eût détruit.

Il y a plus. Avec la propriété littéraire il n'y aurait jamais eu ni Homère, ni Eschyle, ni même Aristophane, bien moins encore la Bible ou l'Evangile.

Car il est dans la nature des choses que tout devoir dévié détruit tout droit.

Dès que chez un peuple le penseur, le philosophe, le poëte, le savant ne travaillent que pour cueillir un droit de propriété, au lieu de chercher la vérité, au lieu de placer l'idéal sur le chemin qui monte aux hauteurs, ils flatteront tous les mensonges, toutes les erreurs, toutes les passions, tous les préjugés, toutes les superstitions et jusqu'aux crimes des lecteurs et des auditeurs qui doivent les payer. Homère, en tirant à la ligne, serait devenu riche, mais il n'aurait jamais écrit l'Illiade. Nul chef-d'œuvre de vérité n'eût jamais paru. On ne paye pas un homme qui vous dit des vérités, qui redresse vos torts, qui vous reproche des crimes, qui vous prédit des malheurs. Ces hommes-là on les subit, on les admire, mais on ne les paye pas!

La gloire est un rayon divin qui ne sert d'auréole qu'à des actions divines, telles que : le sacrifice, le dévouement, le Devoir. Le génie qui se fait payer pour s'enrichir ou pour obtenir des jouissances matérielles, au lieu de créer des modèles de vertu et de justice, créera des êtres sataniques se révoltant contre toute vertu, contre tout devoir, afin de plaire à la masse des zéros qui peuvent imiter ces modèles, et réclamant les mêmes droits, sans accomplir aucun devoir, car tous se sentent de taille à jouir de ces droits, tandis qu'un idéal de devoir n'est accessible qu'aux hommes-chiffres, qui sont partout en minorité, et que la nature n'a créés que pour faire compter les zéros. En très-peu de temps les *hommes-quantité* s'associeront pour remplacer *la qualité*, croyant qu'une colonne de nains, grimpés les uns sur les autres, représente un géant. Une fois ces *médiocrités* maîtres de la place, le talent, le génie lui-même sont étouffés. Ils meurent ou s'annihilent *comme des chiffres devant lesquels on a placé des zéros*

Toutes ces lois sont forcées, inexorables. En moins de cinquante ans, non-seulement la nation n'a plus ni pensée, ni vérité, ni littérature, mais elle n'a même plus le sentiment du juste, du beau et du vrai pour les discerner de l'injuste, du laid et du faux. Que les noirs ne voient jamais un blanc, ils n'admettront pas que l'homme blanc soit plus beau que le noir. Qu'il n'y ait plus d'idéal de vertu et de justice créé par le génie du poëte, planant continuellement comme un messager d'en haut devant les yeux du peuple, et bientôt il n'y aura plus un homme juste ni une femme vertueuse. On ne payera, on n'écoutera d'abord que de hardis et d'éloquents flagorneurs; puis, peu de temps après, des bateleurs, des pantins de lettres, raillant la vertu et la justice, comme les hibous raillent la lumière et les oiseaux qui en chantent les bienfaits!

Et, de fait, quelle est donc la littérature européenne que la propriété littéraire a couvée, pondue, nourrie et élevée? Peut-elle entrer en lice avec la littérature de toutes les nations au temps qu'elle n'était pas une propriété? Que sont donc nos pullulants romanciers à dix volumes vis-à-vis de Cervantes, de Goldsmith ou même de Bernardin de Saint-Pierre? Que sont donc nos poëtes vis-à-vis de Shakespeare, de Molière et de Schiller? Où sont nos philosophes qui puissent se mesurer avec Montaigne,

Spinosa, Descartes, Voltaire et Kant? Que restera-t-il, d'ici à cinquante ans, de toutes nos célébrités du roman et du théâtre ? Ils ont gagné des millions hérités par un tas de zéros, leurs fils, absolument comme si leurs pères avaient été de simples fournisseurs d'armée. Mais le public, la patrie, l'humanité y ont tout perdu, *même l'honneur*, car ces hommes de génie et de talent, s'ils n'avaient pas travaillé exclusivement dans une vue de succès immédiat, de succès d'argent, de succès de *quantité* à la place de la *qualité*, auraient créé des chefs-d'œuvre. Ils auraient eu le temps d'étudier, *d'apprendre quelque chose de sérieux;* ils auraient été forcés d'apprendre en enseignant et ne se seraient pas épuisés dans des élucubrations de vice et de débauche. Ils ne se seraient pas empoisonnés de leur propre corruption ! Ils auraient, comme par le passé, fondé des écoles par leur enseignement. Ils auraient créé des générations instruites, poétiques, sérieuses et fortes. La nation compterait non-seulement quelques chefs-d'œuvre de plus, mais elle aurait trouvé quelques grands modèles de courage, de dévouement et de force vertueuse sur lesquels sa jeunesse se serait modelée, car la jeunesse suit d'ordinaire, en bien comme en mal, les poëtes auxquels elle reconnaît du talent, qui la charment par la vigueur de l'expression et la beauté de la forme. Où notre jeunesse prendra-t-elle ces modèles? Dans Balzac? dans Hugo? dans Dickens ? ou dans Auerbach? Car la propriété littéraire a corrompu toutes les nations ! *Depuis qu'elle a été proclamée, il n'a pas paru dans l'Univers un seul chef-d'œuvre, un seul livre, dont la lecture doive être recommandée comme utile, indispensable pour un honnête jeune homme. Les chefs-d'œuvre ne s'improvisent pas. Il faut toute une vie pour en produire un ou deux.* ET IL FAUT QU'ILS SOIENT COURTS. *Il n'est point de chef-d'œuvre en deux volumes, pas même en philosophie. La vérité est comme la lumière. Elle paraît du coup, éclairant et réchauffant à la fois.* Les vrais grands écrivains n'ont jamais produit qu'une ou deux vérités qu'ils ont toujours répétées sous différentes formes. Dès qu'un homme fait un livre en dehors de la recherche de la vérité, il commet une mauvaise action. L'erreur seule multiple, compte ses volumes par millions. Il n'y a qu'une santé, mais des millions de maladies.

Si l'erreur n'était qu'amusante, si toute erreur n'était pas inexorablement vengée en moins de vingt ans, le mal ne serait pas grand.

Mais la littérature, avec talent ou non, a beau railler tout, nier tout, douter de tout, rire de tout; la loi éternelle, en vertu de laquelle tout existe, n'en fonctionne pas moins. Les causes n'en enfantent pas moins leurs effets. Après quelques avertissements foudroyants, la nation, la société corrompue par ces erreurs, de chute en chute, de calamité en calamité, d'abîme en abîme, roule jusqu'au néant. La France n'en est pas loin. Elle entraînera tout avec elle, *car l'Europe, depuis la propriété littéraire, n'a plus un poëte, n'a plus un penseur dont la parole de Dieu ait la moindre influence sur elle pour l'arrêter dans la voie de barbarie et de force brutale dans laquelle elle est entrée. Sauf M. Thiers, qui est vieux, il n'y a plus en Europe un homme d'État au-dessus de la médiocrité.* Nulle part un prince qui ait seulement lu les grands penseurs de l'humanité, ou qui connaisse d'autres poëtes que des flatteurs de vice et des excitateurs à la débauche. La France, dans ses vérités comme dans ses erreurs, est la force motrice, la locomotive de l'Europe et, à l'heure qu'il est, cette locomotive n'a plus ni conducteur, ni rails, ni modérateurs!

LA PROPRIÉTÉ LITTÉRAIRE DOIT DONC ÊTRE ABOLIE *dans toutes ses formes.* Elle le sera d'ailleurs forcément dès que le penseur, le poëte, le savant pourra librement créer une école, un temple pour communiquer ses pensées et ses vérités. Nulle œuvre de talent n'a jamais manqué de protecteur pour la livrer à la postérité. *Nulle vérité ne s'est jamais perdue.* L'écrivain de talent comme tout travailleur honnête, a sa vieillesse garantie, sans compter une pension nationale qui peut lui être votée.

Les vrais hommes de lettres se trompent s'ils pensent qu'ils perdront en influence en perdant les droits d'auteur. *De serviteurs qu'ils sont ils deviendront les maîtres. Ils iront de pair avec les chefs de l'État.*

On a dit que la propriété littéraire a affranchi le poëte

de la protection des riches individualités, tandis qu'avec le droit de propriété, il peut s'adresser à la masse. C'est vrai et c'est pourquoi la propriété littéraire a détruit la race de littérateurs. La nature est admirablement hiérarchisée. Nul pouvoir ne peut rien contre elle. Pour un contre-maître elle crée mille ouvriers. Il y a un homme de talent sur un million d'hommes, et un homme de génie sur cent millions. Vous avez beau donner l'enseignement à tous les mortels, l'enseignement ne fait que développer les qualités *innées* que le Créateur a données à l'homme dès sa naissance. La grande majorité des hommes est créée pour une fonction particulière mais infime. La minorité seule voyant les choses sous toutes les faces, est créée pour commander. La raison est une lumière qui voit tous les rapports des choses et qui sait les ordonner, coordonner et subordonner. C'est le rôle du talent. Le génie c'est la vérité idéale, la vérité innée. Les uns sentent la vérité sans se donner la peine d'en chercher les preuves dans la loi de la nature, les autres ne se préoccupent que de ces preuves empiriques. La majorité des hommes n'a pas besoin d'être poussée vers les plaisirs de l'amour, de la table et les passions du pouvoir, de la guerre, de la domination et de la destruction. Ils y vont tout seuls. Point n'est besoin du génie pour les y inciter par des romans, des drames, des poésies, des tableaux, des statues et de la musique. La médiocrité y suffit. Le dernier des sauvages sait danser, chanter, sauter et enlever des filles. Il mange et il chasse mieux que nos nombreux journalistes et nos crevés. Il n'a besoin ni des romans de Balzac, ni des vers de Hugo pour commettre des adultères, se battre en duel et nier la justice divine. Et quant aux révolutions, lisez Chateaubriand sur les sauvages d'Amérique. Ils n'en sont jamais sortis; leurs tribus se sont divisées jusqu'à l'infini, et c'est ce qui a causé leur perte totale.

L'homme de génie et de talent n'a point d'autre but que de tracer une voie légitime, pleine de lumière et de poésie, à tous les plaisirs de la vie sans exception, à les idéaliser, à les sanctifier, à les diviniser par le devoir et la vertu. Il doit montrer par les figures de l'histoire qu'il évoque, *que c'est la justice qui a toujours gouverné et qui gouvernera toujours le monde.* Ces figures servent de modèles aux générations présentes et futures, deviennent une force électrique, liant toutes les âmes et ne faisant d'elles qu'un corps impénétrable, invincible, vivant de sa propre vie et servant lui-même d'exemple aux autres nations. Loin donc d'exploiter une nation comme une propriété, le talent, le génie sont eux-mêmes une propriété nationale. Comme telle ils trouveront toujours non-seulement le pain quotidien, non-seulement une influence suprême, mais une gloire éternelle, commençant dans la vie même et ne finissant qu'avec l'univers.

La première nation qui abolira la propriété littéraire dominera le monde en moins d'un siècle, le monde matériel étant toujours traîné à la remorque par la locomotive de l'esprit. Le corps humain, a dit Socrate, n'est en réalité qu'un cadavre traîné par une âme.

12e DÉCRET.

LA PRESSE.

La propriété littéraire a détruit la littérature, et c'est la spéculation de lucre qui a fait de la presse, de maîtresse qu'elle doit être, la plus vile des servantes, ne vivant que de pourboires et de l'anse du panier.

Un journal, quel qu'il soit, est un tribunal, à moins qu'il ne soit une chaire. Le journaliste, pour peu qu'il mérite ce nom, s'érige en juge. Il cite à sa barre, soit un homme, soit un principe, soit un livre, soit un poëme, soit un tableau, soit une statue, l'appliquant à une mesure, à un *criterium*, à un idéal qu'il possède. Cela fait, il loue ou il blâme, il admet ou il rejette. Toute raison n'est absolument que comparaison, à commencer par le mot *langue*. La Presse donc est une magistrature en permanence, magistrature volontaire parfois usurpée, et qui finit par dominer toute loi, toute légifération officielle. Elle est l'image de l'homme même, préférant sa liberté au risque d'être malheureux plutôt que d'être heureux et esclave.

A une condition pourtant : *que ce soit la liberté.* Permis à l'homme d'errer de bonne foi. Mais s'il erre par intérêt, par lucre, par égoïsme, par vilenie, il ne sera ni libre, ni heureux. Il sera esclave et malheureux; il tombera au-dessous de la brute. Il aura l'anarchie et le despotisme à la fois, une âme corrompue dans un corps gangrené. Une presse corrompue par l'intérêt c'est la dernière abjection d'une nation. C'est le criminel qui se fait juge, c'est le voleur qui se fait gendarme, c'est le contrebandier qui se fait douanier, c'est le vice qui gouverne, aux cris de : Vive la vertu ! *C'est Tartuffe sur le trône !*

La presse française n'est pas plus corrompue que celle de l'Allemagne et de l'Angleterre, mais elle a été la première qui, tête baissée, s'est précipitée dans le gouffre incomblable *du droit sans devoir*. A l'heure qu'il est, elle fait quelques efforts de vertu, mais elle n'y arrivera pas sans une loi faite au nom du devoir.

La presse n'est plus nulle part qu'une course au clocher, non pour courir après la vérité, mais après la fortune, par les abonnements et les annonces. Fût-elle gouvernée par la vertu et le devoir même, ayant le bénéfice d'argent pour but, elle arriverait forcément au vice et au droit sans devoir, c'est-à-dire à l'anarchie. Si elle ne cherchait que la justice le reste lui viendrait en surcroît. La presse est une immense force. Comme telle, elle se doit aux faibles. Loin de les exploiter, elle doit faire des sacrifices pour eux. Ces sacrifices sont faciles; il en coûte peu à des hommes de talent de donner leur avis par écrit sur n'importe quel sujet, s'ils n'ont pas d'arrière-pensée d'exploitation.

Et quant aux moyens de publier ses idées, les honnêtes gens de talent n'en ont jamais manqué pour avertir leurs frères fourvoyés. C'est tout ce qu'ils peuvent faire. Nul n'a jamais sauvé un peuple plongé dans l'erreur et vivant d'abus et de vices. De grands voyants peuvent l'avertir, quand il en est temps encore, pour rebrousser chemin, mais une fois entré jusqu'au cou dans une mer d'iniquités et de vices, nul avertissement, nulle menace, nul jugement n'y peut plus rien. La justice de la logique ne s'arrête pas quand une fois son jugement est prononcé. Nul médecin ne guérira jamais un malade pris de gangrène. Il faut que justice soit faite, il faut que le mal disparaisse avec le corps même. Sur le dos de l'armée qui a commis le crime du 2 décembre, l'historien, le philosophe, le connaisseur de Dieu pouvait lire : Metz, Sedan, Paris. Les nations, plongées dans l'idolâtrie et l'athéisme, ne peuvent pas être guéries. Il faut qu'elles meurent pour pouvoir être ressuscitées !

Il n'y a pas d'autre moyen de soustraire la presse à la décadence de la corruption qu'une loi qui la rende exclusivement à sa mission de juge et de critique, en lui enlevant tous les accessoires mercantiles dont elle a fait le but principal ; accessoires qui d'ailleurs sont une véritable usurpation, un vol au trésor public.

Les annonces de la presse appartiennent de droit à l'État ou à la municipalité. C'est la voie publique que le journal s'approprie par l'annonce. Nul n'a le droit de s'adjuger la voie publique. Un journal ne doit avoir d'abonnés que pour ses principes. Tout ce qu'il prend au delà il le vole à la caisse publique.

Il faut donc qu'il soit défendu à n'importe quel journal d'insérer pour son compte, annonce, réclame, compte rendu financier payé, rien qui se paye directement. Tout cela appartient de droit à la municipalité, qui peut forcer chaque journal à les insérer, en lui payant les frais d'impression et de papier.

Cela fait, *nous verrons combien de malhonnêtes journaux faits par d'ignares et d'indignes citoyens survivront.*

Le journal étant par sa nature un juge, un critique, un douanier littéraire, un gardien du Devoir, il ne peut non plus, sous aucun prétexte, faire commerce de romans et de pièces de théâtre, sous risque de devenir lui-même le corrupteur le plus vil de toute notion de devoir et de vertu. On n'a nullement besoin de pousser la jeunesse à l'amour ni même au vice. Elle y va aisément toute seule. Or, publier des romans, eût-on des chefs-d'œuvre au commencement, c'est forcément arriver non-seulement à la médiocrité, mais à la lubricité ! Le journal censé être un pavillon de justice ne doit donc pas pouvoir spéculer sur ce genre de vice. Et il faut que cela lui soit défendu par une loi.

Ce qui a précipité la presse française avant les autres,

ce sont les cinq paroles suivantes inscrites dans la loi : « *La preuve n'est pas admise.* »

La postérité ne voudra jamais croire qu'un peuple honnête ait pu inscrire de telles paroles dans une loi ! Autant dire : « *il n'est pas permis de dire la vérité et de la prouver, pour peu qu'elle soit désagréable aux vicieux, aux escrocs, aux voleurs et aux assassins.* Non-seulement la presse doit pouvoir dénoncer les vicieux et les criminels, mais c'est son devoir le plus sacré, attendu que la plupart des hommes n'évitent le mal que par crainte d'être flétris par leurs semblables. Nul amour du bien sans la haine du mal et du malfaiteur ! Aucun ordre, nul devoir n'est possible, si la presse ne peut dénoncer les malhonnêtes gens qui se présentent pour briguer la confiance du peuple. Et c'est surtout *la vie privée* qui doit pouvoir être fouillée, car la vie publique n'est et ne doit être que la récompense des vertus et des devoirs de la vie privée. Les droits publics jaillissent des devoirs accomplis de la vie privée. Jamais gueux dans la vie privée ne sera un bon fonctionnaire, jamais homme malhonnête, père, fils, mari ou voisin ne fut un utile homme public. Par contre, s'il est nécessaire qu'un journal dénonce les vices reconnus et prouvés des citoyens ; il est encore plus nécessaire qu'en cas de calomnie la justice frappe le calomniateur du même châtiment qu'il avait en vue pour sa victime. Non seulement ce calomniateur sera déclaré indigne de tenir une plume, de revêtir jamais une fonction publique, mais il subira la peine que le dénoncé aurait subie, si le crime eût été prouvé.

Le jury suffit pour tous ces cas. Mais il faut que justice puisse être faite à court délai. Cela admis, le journal se purgera lui-même de tous ses vices. Car, pour oser imputer aux autres des fautes, et même des prévarications, il faut que l'on soit sûr de soi-même, ou que l'on aspire soi-même à devenir un modèle de citoyen et d'homme.

C'est une loi essentielle. La presse européenne n'étant qu'une spéculation d'argent n'est plus qu'une école d'erreurs et d'horreurs. Si elle n'est pas réformée, elle poussera l'Europe entière dans une guerre universelle détruisant la population et la fortune de toutes les nations, transformant l'Univers en un vaste désert de boue, de sang et de vermine, où elle périra elle-même comme le brandon disparaît dans l'incendie qu'il a allumé !

13e DÉCRET.

LE THÉATRE.

Aussi longtemps que le culte public avec toute sa pompe et ses représentations théâtrales a répondu au degré de culture des *meilleurs citoyens* d'une nation, il n'y a eu nulle part trace d'un théâtre profane quelconque. Les prêtres et les prêtresses étaient partout les acteurs et les actrices de ces représentations ordinaires et extraordinaires. C'est même la première raison de la chasteté exigée d'abord pour les femmes (vestales), puis plus tard pour les hommes. On n'admettait d'ordinaire pour prêtresses que des jeunes filles bien faites, possédant de très-belles voix. C'est pour conserver la pureté de la voix qu'on exigea la chasteté. Moïse n'admet pour prêtre aucun homme avec un défaut physique. Il n'exigea pas la chasteté absolue, mais le mariage et avec des jeunes filles de mœurs chastes et pures. La chasteté absolue, en effet, nuit plutôt à la voix. La monogamie est la meilleure préservatrice de la beauté humaine. Le théâtre a surgi partout où l'esprit de la religion officielle n'était plus d'accord avec la raison du peuple et les poëtes populaires qui la représentaient ; quand les spectacles du culte, au lieu d'élever les âmes, les ennuyèrent comme des jeux puérils et finirent par les exaspérer comme des masques d'exploitation et de tyrannie.

Le théâtre a partout été un temple érigé contre un autre temple, une église populaire contre l'église officielle, un culte de l'art divin contre le culte de l'idolâtrie humaine. Les Juifs ayant eu des prophètes populaires, maintenant la liberté de la raison contre l'idolâtrie despotique officielle, n'ont point eu recours au théâtre, précisément parce qu'ils étaient divisés en deux temples dont l'un était voué à Dieu et dont l'autre représentait les idoles. Entre ces deux cultes il n'y avait pas de place pour le théâtre.

Les Grecs les premiers ont eu recours à ce genre de littérature pour protester contre les erreurs du polythéisme. Tout le théâtre grec est religieux et *national,* c'est-à-dire traitant des principes fondamentaux nécessaires à la vie religieuse d'une nation. Eschyle n'écrit pas une ligne qui ne soit une attaque contre le ciel de Zeus et de ses misérables suppôts. Sophocle oppose toujours les sentiments religieux naturels de l'homme aux superstitions et aux usages de l'idolâtrie. Et jusqu'à Aristophane qui, à côté d'ignobles railleries contre Socrate, combat à outrance la guerre et la démagogie.

Le théâtre, en effet, n'a pas d'autre raison. Acteur et actrice, chanteur et chanteuse, prêtres et prêtresses de l'art, tous ils représentent la raison humaine, la vérité divine, par la poésie, la musique, le chant, la peinture et la sculpture. Du moment qu'ils n'en sont plus les prêtres et les prêtresses, ils deviennent forcément les entremetteurs et les entremetteuses de la matière, c'est-à-dire de tout ce qu'il y a de vil et de laid dans la vie humaine. Il n'y a pas de milieu dans l'art. Dès ce jour le théâtre n'est plus qu'une sentine et l'artiste un proxénète. Dès ce jour la nation qui s'abandonne à ces sortes de spectacles, n'est plus qu'une masse de matières, immonde fusion de chair, de sanie et de pus, produisant d'innombrables vers rongeurs.

Les *Romains n'ont pas eu de théâtre,* parce qu'ils n'ont pas eu de poëtes philosophes. Leur langue, d'ailleurs, langue d'avocats, s'oppose à la vraie poésie. Senecca seul a fait quelques essais dignes d'un penseur. Mais de son temps déjà les Romains flottaient entre l'idolâtrie et l'athéisme. Pour des nations pareilles plus de salut! Il faut qu'elles périssent pour changer de forme!

Le christianisme, en transformant le culte païen, a créé un nouveau spectacle dans l'Eglise, avec toute la pompe d'une représentation théâtrale, composée d'hommes, de femmes et d'enfants. Les premiers essais en dehors de l'Eglise, les *Mystères,* étaient déjà dirigés contre sa doctrine mystérieuse. Le théâtre chrétien ne pouvait surgir avant la *Réforme.* L'Inquisition ne l'eût point toléré. Le théâtre espagnol flattant le despotisme monarchique et papal n'a aucune valeur et n'a pas survécu à sa propre décadence. Ce sont des jeux de cour, rien de plus.

C'est après la *Réforme* que le théâtre reparaît dans toute sa force. D'abord en Angleterre, puis en France, après la grande guerre des huguenots, puis enfin en Allemagne et en Italie. L'Espagne catholique n'a plus rien produit.

On a souvent demandé pourquoi les poëtes français avaient choisi des sujets grecs et romains, au lieu de choisir des sujets chrétiens. Par une bonne raison. Il leur eût été impossible de mettre dans la bouche des chrétiens des principes de raison contre l'idolâtrie cléricale et papale. Polyeucte peut bien réagir contre l'idolâtrie païenne, mais il ne lui eût pas été permis de dire un mot contre la sainteté du pape. Voltaire lui-même n'eût pas pu mettre sa Henriade sur la scène. Molière seul a osé écrire *Tartuffe*, le chef d'œuvre du théâtre français.

Le théâtre chrétien est un non-sens. Il n'y a point d'art qui ne soit *antichrétien*. L'art est le représentant de la loi de Dieu qui se reflète dans la nature, de la raison enfin. Tout miracle est contraire à l'art. Ce qui n'est pas vrai est laid, et la laideur n'a rien à faire avec l'art. L'artiste est le représentant de Dieu qui n'a rien créé de laid. La laideur dans la nature est fille de l'erreur. Si tous les hommes vivaient d'après les lois de la nature, il n'y aurait ni maladie ni laideur. Les animaux de mal même sont les insectes de la terre produits par les prévarications de l'homme envers elle. Le serpent est un excrément vivant. Il en a la forme et le mouvement. Tout mal est vivant. Toute maladie vit; elle est toujours une série d'insectes envahissant la chair.

Que la terre soit cultivée partout, qu'il n'y ait plus de guerre ni de misère nulle part, en moins de cinquante ans il n'y aurait plus ni un animal, ni un oiseau de proie. Il n'y aurait plus une laide jeune fille sur la terre. Ce qu'il y a de plus laid, c'est le dogmatisme miraculeux et le soi-disant art chrétien (1).

Dès que le théâtre a eu la prétention de revenir à

(1) Voir ma *Parole nouvelle*.

l'histoire chrétienne, il n'a pu représenter que d'ignobles despotes et de stupides courtisanes. Qu'on ose donc représenter l'histoire des papes et des empereurs, d'après la vérité. Quelle horrible spectacle cela ferait ! On a beau dire que le vice représenté par l'art sert d'épouvantail ! Affreux mensonge ! Tout vice poétisé est un crime de lèse-vertu. Le vice n'est et ne doit être que l'ombre de la vertu, toujours *rampant* derrière elle, jamais devant elle, *jamais debout*. Si le théâtre n'est plus un idéal national, un temple de vertu, de vérité où le citoyen puise son courage et son dévouement, il devient une école de vice et de rébellion, une institution de débauche, de paillardise, de despotisme et d'anarchie. Si le poëte ne fait que refléter les vices du citoyen, il n'est qu'un misérable Guignol, un mime qui ne mérite que des coups de pied. Il n'est point de poésie hors la raison, point de poëte hors la vérité ! Si le poëte n'est pas le représentant du bien, il est l'avocat du mal, et comme tel l'instrument le plus dangereux de la perte de sa nation.

On a aussi demandé pourquoi l'opéra est venu si tard en Europe? Par la même raison que j'ai indiquée. L'opéra est un nouveau temple. Il n'a pu être érigé que du moment où le temple chrétien n'était plus à la hauteur ni des principes, ni des sentiments des fidèles. L'opéra avec ses chœurs, ses chants, son orchestre est essentiellement un culte. Toute bonne musique est religieuse. Le chanteur, la cantatrice sont, l'un un prêtre, l'autre, une prêtresse de l'art. Ou l'opéra représentera le culte de la raison et de Dieu dans sa pureté, ou il disparaîtra dans les bas-fonds de l'amour graveleux dont il est devenu non le temple, mais la maison de tolérance.

Le théâtre donc, dans son essence et dans sa nature, est un établissement national. Il doit être un culte, mais libre. Il doit être une arène pour tous les artistes, pour tous les arts, *mais il ne saurait être une spéculation de lucre et d'argent*. Dès que le théâtre tombe dans cette catégorie, il n'est plus qu'une maison de vices et de vicieux : *Scène, loges et parterre*. Dès lors il est destiné à disparaître : acteurs et spectateurs. Rien ne dure que par la vertu. Rien ne se soutient que par la vérité. Une nation qui a un théâtre corrompu est sûre d'être la proie de l'étranger, par les divisions intérieures. La vertu seule unit, le vice désagrége. Toute maladie est une désagrégation jusqu'à la mort, réduisant tout en poussière.

Aucun théâtre donc, sous n'importe quel prétexte, ne peut être une entreprise privée, dans un but de spéculation.

Paris aura six grands théâtres initiateurs, trois lyriques, et trois autres pour les tragédies, les comédies et les drames.

Ces théâtres seront subventionnés par l'État. En outre, il y aura au moins un théâtre dans chaque arrondissement, comme dans chaque ville contenant dix mille âmes.

Les théâtres principaux de Paris donneront toutes les pièces, prose, vers et musique, qui sont présentées, pour peu qu'elles soient représentables. Quand une de ces pièces a obtenu d'abord la permission d'être représentée trois fois, et qu'elle a reçu la consécration du public et de la presse, *elle sera présentée à la fois sur toutes les autres scènes de la nation.*

Le poëte, le compositeur qui ont obtenu cet honneur recevront une pension nationale. Ses enfants seront élevés aux frais de l'État.

Inutile de dire qu'il aura sa vieillesse assurée.

Ces poëtes, ces compositeurs seuls, ainsi que les artistes de premier ordre feront partie de l'académie nationale ; nul autre homme ne peut être nommé membre de l'académie.

Toute pièce refusée doit être publiée si l'auteur le désire, mais à ses frais. Et si trois artistes en réclament la représentation, elle sera représentée.

Il y aura des lectures publiques deux fois par an, dans chaque ville, au printemps et à l'automne, aux deux grandes fêtes nationales où les poëtes eux-mêmes liront leurs pièces devant des assemblées populaires. Des musiciens, des chanteurs, des comédiens s'y feront entendre.

Il n'y aura pas d'autres fêtes que des fêtes intellectuelles et militaires.

Dans toutes les écoles, les enfants apprendront à chanter et à déclamer.

Une belle voix est une force. En cette qualité elle a des devoirs à remplir avant d'exiger des droits. De même l'art de bien dire.

Les enfants ayant des voix de premier ordre seront réclamés par l'Etat et réservés à l'art. Ils seront préservés de toute contamination, car la voix humaine exige une pureté parfaite de mœurs. La voix d'un enfant immoral mue avant l'âge et se perd. La moindre médecine contenant du poison détruit les fibres du larynx et les couvre de glaire pour la vie.

Les artistes de premier ordre, hommes et femmes, seront destinés au culte et à l'art, leurs fonctions sont *nationales*. Ils sont les prêtres et les prêtreses de Dieu, c'est à dire de la loi divine dans la nature de la raison et de la vérité, ou du vrai. En cette qualité, ils ont un maximum d'appointements. Mais ils ne sont pas libres de refuser le service. Et s'ils s'expatrient pour gagner plus d'argent ils seront coupables de trahison nationale, condamnés à l'exil éternel et à la mort civile.

Les grands artistes, surtout les belles voix de ténor et de soprano, annoncent une constitution de santé admirable. Ces individus, s'ils ont reçu de l'instruction, et soustraits à la vanité morbifère d'une scène de courtisanes, sont très-souvent doués de sagesse, d'ordre et de toutes les vertus civiques. Après avoir donné des preuves de talent, d'ordre et de vertu, ils peuvent arriver aux plus hautes fonctions de l'État. David a été un grand ténor et un grand musicien, avant d'être un grand roi. Samuel, le plus grand prophète, a chanté devant Dieu. Les grands pontifes ont tous eu de belles voix. — Une large poitrine annonce un front haut. Et c'est l'esprit inné dans l'homme qui forme le corps.

Nulle jeune fille, nul jeune homme avant le mariage ne peut monter sur la scène, ni en qualité d'acteur et d'actrice, ni en qualité de chanteur et de chanteuse. Après la nubilité ces artistes seront retirés de la scène et du culte jusqu'après leur mariage.

Un comité de mœurs jugera ceux qui ont forfait à la vertu. Nul artiste adultère ne peut figurer parmi les prêtres de l'art. La chasteté dans le mariage est la première condition de cette prêtrise.

Les grands artistes feront partie de la grande académie nationale à l'égal des poëtes, des musiciens, des peintres, des sculpteurs, des philosophes et des savants. *Il n'y aura qu'une seule académie*. Et c'est le peuple qui par ses représentants élira les membres dignes d'en faire partie.

Nulle place au théâtre ne dépassera le prix de 5 francs, le minimum sera 50 centimes. Les revenus des théâtres rentrent au ministère de l'instruction publique.

14e DÉCRET.

L'UNIVERSITÉ.

L'humanité entière ne fait qu'un seul corps humain, non-seulement l'humanité vivante, mais tous les humains qui ont vécu avec ceux qui vivent et qui vivront. Pas un mortel n'a pensé et travaillé en vain. On a dit avec raison que les morts sont les racines des vivants et comme dans un arbre, la racine humaine monte, devient tronc, branche, fleur, fruit, puis retombe et redevient racine.

L'humanité a besoin de toutes ses pensées, de toutes ses sciences. Il y a toujours eu des hommes qui ont entrevu la vérité absolue et qui ont connu les lois de la nature, sans pouvoir les analyser empiriquement; d'autres se sont efforcés de prouver mathématiquement ce que leurs prédécesseurs ont su et proclamé par intuition.

La science, à mesure qu'elle avance, marche de l'analyse à la synthèse et procède du connu à l'inconnu. Elle n'a jamais eu d'autre but que de prouver l'identité et l'unité de la loi primitive. Sciemment ou inconsciemment, même en niant, elle s'est toujours avancée de plus près vers ce but. Quel que soit son but, il n'y a pas de science sans le passé, il n'y a pas de société sans les aïeux, il n'y a pas d'humanité sans l'ensemble de toutes les pensées humaines, depuis la création du monde. Quiconque ne connaît pas le passé ne connaîtra jamais le présent et regardera l'avenir avec des yeux sans rétine et sans pupille, car de même que le présent est le fils logique du passé, de même l'avenir sera l'enfant engendré du présent. La science n'a pas d'autre but que de découvrir les lois de la vie et de la société humaine dans le passé, afin d'y régler ses actions dans le présent, pour créer un avenir meilleur.

C'est l'*Université*, et le nom est adapté à la chose, qui représente dans son ensemble *l'humanité entière*. C'est l'Université qui est chargée d'enseigner toutes les sciences du passé de tous les humains, d'en découvrir les lois, afin de préparer tous les progrès dont l'avenir est susceptible. La vie d'un homme ne suffit pas pour s'approprier toutes les branches de cette science *universelle*.

L'Université c'est la synthèse ou plutôt le centre d'où les rayons divergent dans tous les sens. Il suffit qu'un homme se mette sous un de ses rayons pour s'agrandir, et toucher l'axe afin d'en recevoir le feu réchauffant et éclairant à la fois.

L'Université ne représente pas seulement toutes les langues dans lesquelles des mortels ont pensé et écrit, mais toutes les pensées sur toutes les branches de la science humaine. D'elle doivent sortir les sciences spéciales, puisque les hommes *universels*, les hommes *synthèses*, les *philosophes*, en un mot, sont et ont toujours été très-rares.

Aucun spécialiste ne doit exister sans avoir bu dans la source centrale de la loi *unitaire, universelle* et *identique*. La science spéciale n'a pas d'autre but que de découvrir dans les moindres détails des êtres la même *Loi une*. Que cette science s'appelle mathématique, physique, géométrie, médecine, géologie, etc., elle n'arrivera jamais à une autre fin. Ou elle sent intuitivement la vérité des choses, ou elle la détaille par analyses dans les corps mêmes.

L'Université d'une nation n'a donc d'autre but que de représenter la vérité de la loi du monde dans son passé, dans son présent et dans son avenir.

Elle ne peut donc pas être une spéculation ni pour les enseignants ni pour les enseignés. Toute question d'argent l'avilit. Il faut qu'elle soit libre comme la loi de Dieu elle-même. Sans liberté il n'y a pas de science. L'homme a le devoir de chercher la vérité, mais il a le droit de se tromper, pourvu que son erreur soit de bonne foi et n'ait pas une arrière-pensée d'exploitation et de domination. Sans liberté il n'y a ni homme ni humanité. L'homme n'a été créé que pour la liberté, dût-il par cette liberté se précipiter dans des malheurs sans fin.

La liberté est plus précieuse que la prospérité.

Inutile de critiquer l'Université impériale de France. Elle est pourrie depuis la base jusqu'au sommet. A quelques professeurs près, c'est un temple de marchands de livres et de soupe. C'est une Eglise où des prêtres *ignorants* exploitent les enfants des citoyens auxquels ils crèvent les yeux et qu'ils empêchent de marcher sans des béquilles soi-disant universitaires, afin qu'ils ne s'aperçoivent plus de leur assujettissement et qu'ils ne puissent plus se révolter contre les exploiteurs dont la grande majorité est elle-même aveugle et percluse de science et de talent. La seule chose que cette Université enseigne, *c'est l'art de parler*, c'est-à-dire l'art de faire sembler de savoir quelque chose ou plutôt l'art de mentir. *C'est le seul art qu'une Université ne doit jamais enseigner*. Elle n'enseigne que la vérité. Libre à chacun de la dire comme il pourra, comme bon lui semblera. L'Université de France est donc abolie avec toutes ses académies, tous ses colléges, tous ses tenants et aboutissants sans aucune exception.

Jamais depuis son existence, l'Académie de France n'a créé ni couronné un chef-d'œuvre. Cela lui est impossible. Non-seulement un chef-d'œuvre ne se soumettra pas à son choix, mais, même soumis, l'Académie ne le verrait pas. Une compagnie d'hommes réunit leurs défauts, jamais leurs qualités. Il faut être soi-même un maître, ne craignant ni rival ni critique, pour saluer un génie naissant. La médiocrité ne couronne d'autre œuvre que celle qu'elle aurait pu faire elle-même. L'influence de l'Académie sur les lettres a été ou nulle ou détestable. De la langue française, fleuve rapide, limpide, sapide, roulant ses flots tumultueux, tantôt entre des rocs escarpés et boisés, tantôt entre de verdoyantes plaines et portant sur son dos avec autant de grâce les vaisseaux de commerce et de guerre que la petite nacelle de plaisir et d'amour, elle a fait un banal canal aux eaux sans saveur, sans vigueur et sans profondeur, n'ayant d'autre remou que celui des écluses et coulant ennuyeusement entre deux rangées de peupliers, toujours les mêmes, toujours les mêmes, toujours.....

Par son ignorance totale des langues étrangères, antiques et modernes, elle a expulsé du français plus de trois mille mots, indispensables, irremplaçables, que la langue anglaise a religieusement conservés et dont ils font la richesse et l'originalité (1).

Dix Universités seront formées dans dix villes de France, Paris seul excepté. Paris doit recevoir les savants de toute la France, mais il ne peut en former. D'ailleurs aucun internat ne peut être admis dans l'enseignement. L'internat n'est et ne sera jamais qu'une vile spéculation d'argent. Le professeur, s'il veut être respecté et aimé par ses élèves, doit être au-dessus de tout soupçon de spéculer sur eux. Fût-il un Socrate, s'il tient un collége pour gagner de l'argent, on se moquerait de sa philosophie, ainsi que de tous les autres professeurs qu'il exploite. Il n'y a pas dans l'enseignement de professeurs supérieurs et inférieurs. L'homme qui apprend à lire à un enfant va de pair avec celui qui plus tard lui enseigne l'hébreu et l'algèbre. Si, en France, l'enseignement est au plus bas, c'est qu'il a dégénéré en exploitation de lucre, et que pas un élève ne peut respecter son professeur, qu'il regarde comme l'instrument, bien ou mal choisi, de son exploiteur. Un professeur est plus qu'un ami. Il est le père spirituel de l'enfant. L'un a formé son corps, l'autre forme son esprit. Si l'enfant pouvait croire que son père ne l'a créé que pour l'exploiter ou même uniquement pour son plaisir, jamais il ne respecterait son père. Il en est de même des pères spirituels.

---

(1) Si Dieu m'accorde encore quelques années, je restituerai ces mots à la langue de ma patrie. Une première partie en paraîtra dans le courant de l'année 1873.

Donc, plus d'internat à aucun prix !

Des écoles publiques où les élèves se rendent pour recevoir l'instruction des maîtres élus dans ce but, et d'où ils sortent tous les jours pour vivre au sein de leurs familles. S'il faut absolument des pensionnats, à cause de l'éloignement des familles, ces pensionnats ne doivent avoir de rapports ni avec l'école ni avec les professeurs.

Dix Universités donc seront formées en France. L'Etat livrera les bibliothèques, les bâtiments et payera les professeurs élus, dont tous auront les mêmes appointements. Ce qu'ils gagnent par des leçons extraordinaires leur appartiendra. Mais il y aura à chaque Université *des professeurs libres*, munis du diplôme de trois Universités, qui enseigneront à leurs risques et périls et qui, avant d'être élus, ne seront pas payés par l'Etat.

Chaque Université se formera comme elle l'entendra. Elle se fera ses lois elle-même. Elle choisira ses livres d'enseignement elle-même, sans jamais admettre de privilége.

La première science qu'enseignera l'Université, c'est la science des langues dans lesquelles des hommes de génie ont pensé et écrit, sans exception.

La philologie, la clé de la science universelle, est une des premières sciences universitaires.

Dans les colléges, on doit enseigner toutes les langues vivantes qui ont produit de grands hommes et une littérature.

A l'Université on enseignera spécialement toutes les langues du passé.

Sans ces langues, la philosophie et l'histoire du passé sont lettres closes. Or la science pivotale de l'humanité, c'est la philosophie. Toutes les autres sciences, à commencer par l'histoire, ne servent qu'à prouver ou qu'à infirmer les maximes de la philosophie, la mère de toutes les religions.

Voici pourquoi. La philosophie seule, représentant la loi de Dieu dans la vie humaine, enseigne à l'homme son devoir, c'est-à-dire le parti qu'il doit prendre dans les différentes occurrences de la vie. Elle lui enseigne par le passé que ce devoir seul conduit au bonheur, non-seulement au contentement de soi, mais à la félicité des autres. On a beau avoir étudié la physique, les mathématiques, la médecine, la géographie et la géologie, au moindre obstacle de la vie, voire sans obstacle, en présence des deux voies libres entre lesquelles il faut opter pour les transactions de tous les jours, nulle autre science que la philosophie, renfermant en elle la théologie, car elle enseigne toutes les religions du passé, nulle autre science ne vous dit : « Prenez ce chemin et évitez l'autre. Faites ceci et ne faites pas cela. » La *philosophie* ne fut jamais une science abstraite. C'est l'essence de la vie. L'histoire ne doit être étudiée que sous le point de vue d'apprendre par les faits du passé la logique inexorable des causes et des effets, afin, quand il s'agit d'un acte, d'opter dans le présent pour des causes ne produisant que de bons effets. L'histoire nous prouve que jamais mauvaise action n'a disparu sans enfanter des effets désastreux dans l'avenir, et qu'une action de devoir produit toujours non-seulement un effet salutaire, mais qu'outre cet effet il crée autour de soi une espèce d'auréole, véritable guide lumineux d'où s'irradie la félicité intérieure de celui qui la possède.

Or, l'Université étant elle-même l'âme du corps national, toutes les sciences qu'elle enseigne doivent se concentrer dans la science pivotale. La science des langues est la clé de l'histoire du passé et l'histoire est le tribunal de la philosophie. Rien autre chose.

Toutes les autres branches de la science humaine seront enseignées à chaque Université.

Il y aura, en outre, à chaque Université, une *Faculté militaire* représentant l'histoire de tous les engins du génie de la guerre du passé, du présent et naturellement de tous les progrès dont elle est susceptible dans l'avenir.

C'est dans les élèves docteurs de cette faculté que se recrutera l'*état-major de l'armée nationale*. La science de la guerre ne peut être séparée de celle de la vérité et de la paix.

Inutile d'ajouter que la gymnastique est une partie essentielle de toute éducation et qu'il n'y aura pas d'autres jeux, ni d'autres voyages, que ceux qui élèvent l'âme et assainissent le corps.

Les professeurs seront nommés par l'élection. Tous les médecins de France diplômés nommeront les professeurs, soit directement, soit en signalant les plus dignes au gouvernement.

Il en sera de même des docteurs en philosophie. La théologie n'est qu'une branche de la philosophie. Il n'y a pas d'autre science que la science. Il ne peut pas y avoir d'autre religion (lien) que la vérité et la recherche de la vérité. Il n'y a pas d'autre loi que celle qui se reflète dans la créature et dans la nature. Quiconque crée crée à son image.

Pour recevoir un diplôme, pour exercer, par exemple, la médecine, *il faut obtenir le diplôme dans trois Universités*. Sans cette précaution, les diplômes finissent par s'acheter presque tous comme *les titres de docteur* en Allemagne.

Les examens sont l'affaire des professeurs de l'Université. Il en est ainsi de tous les règlements concernant la jeunesse studieuse. Ces règlements peuvent changer d'après le site et les environs de la ville.

Nulle leçon ne peut être donnée par un discours. Toutes les leçons seront écrites par un professeur et *lues*, afin qu'elles puissent être copiées par les étudiants.

L'éloquence n'est pas une science.

Un comité de mœurs sera établi à chaque Université. Le jeune étudiant doit compte non-seulement de ses études, mais de sa vie et de ses mœurs. Il peut être relégué et même déclaré indigne de revêtir jamais une fonction publique.

Nulle fonction publique n'est compatible avec le professorat. Tout professeur toutefois peut prétendre aux fonctions suprêmes de l'Etat, mais, en ce cas, il quittera l'enseignement, auquel pourtant il peut retourner quand il le jugera à propos, en se démettant de ses fonctions.

Il n'y aura nulle part qu'un seul professeur pour chaque branche et sous-branche de la science humaine. Mais des professorats libres peuvent s'établir pour toutes les branches, à condition que le professeur ait obtenu son diplôme de trois Universités et que sa vie soit libre de tout stigmate universitaire.

Tous les professeurs des Universités actuelles sont éligibles et peuvent être élus pour les Universités nationales de la République.

15e DÉCRET.

L'ARMÉE.

La guerre n'est sacrée que dans deux cas, le cas de légitime défense et pour venir au secours de la justice opprimée, qu'il s'agisse d'un individu ou d'une nation. Le système de non-intervention inventé par des athées politiques, comme tout ce qui émane de l'athéïsme, est une loucherie du cerveau ou plutôt une méconnaissance de la loi de la nature, en vertu de laquelle tous les êtres solidaires n'existent et ne travaillent absolument que les uns pour les autres. Et de même que dans la nature de tout devoir accompli, plusieurs droits jaillissent à la fois, de même dans la société il n'existe pas pour un pouvoir honnête de meilleure politique de conservation que de venir au secours de la justice et de l'honnêteté opprimées n'importe de quelle nationalité !

Il ne sert d'ailleurs à rien de s'associer à l'iniquité. Son triomphe n'est jamais de longue durée ; ses victoires même ne sont que des exécutions, des châtiments pour des individus ou des nations encore plus odieusement injustes et barbares. Il en est de même du cas de légitime défense. Il n'y a pas de légitime défense quand il s'agit d'un pouvoir tyrannique, odieux et pourri de vices et de parjures. Nul pouvoir au monde n'eût pu sauver le second Empire. Son jugement était prononcé. Il fallait que l'exécution en fût faite. Si aucune puissance n'est venue au secours de la France, c'est que tout le monde a senti que la France, coupable de s'être livrée pieds et poings liés à un Bonaparte, méritait son sort. Il en fut de même en 1815. Il n'y a jamais eu un pouvoir plus inique que celui de Napoléon Ier. Dès le lendemain du 18 brumaire, dès le rétablissement du culte papiste par le Concordat, son sort, celui de la France impériale était scellé. Il n'y a de légitime défense que pour une patrie libre et gouvernée par un pouvoir légal, honnête et juste. Vous avez beau faire des merveilles de bravoure et d'héroïsme pour une cause injuste : pur suicide! La vertu qui se sacrifie pour le vice et le vicieux n'est plus de la vertu, c'est une démence. C'est une révolte impuissante contre la justice de Dieu, qui foulera inexorablement aux pieds tout ce qui s'y oppose!

Pourtant le citoyen seul n'est pas juge de ses actions. Il faut qu'il se soumette aux lois de son pays. Des individus peuvent se tromper sur leur devoir, rarement une nation entière s'y trompe. Mais on ne décrète pas l'enthousiasme. Ce mot veut dire *Dieu en nous*. Or, Dieu n'est pas en nous pour une cause inique. Les cœurs de tous les citoyens ne vibrent à la fois que par l'électricité d'une vérité simple et universelle. Il n'y a pas eu d'enthousiasme en 1815 pour défendre cet histrion impérial plagiant César. Il n'y a pas eu d'enthousiasme en 1870 pour défendre le parjure qui s'appelait Napoléon III. Et quant au gouvernement du 4 septembre qui, sans convoquer une assemblée, a ramassé le pouvoir dans la boue et dans le sang, il n'a eu ni le sentiment de son devoir ni celui de son immense responsabilité. Non-seulement il ne pouvait pas y avoir d'enthousiasme, mais encore il n'y avait pas de loi. Il n'y a pas d'honneur national en dehors de la loi nationale. *Nul ne sauvera un pays en dehors de sa volonté.* Dieu lui-même serait descendu à Tours et aurait dit aux Français : « Marchons contre les Prussiens! » les Français lui auraient dit : « Qui es-tu? En vertu de quel pouvoir ordonnes-tu de mourir? Tu n'es pas la nation et tu n'es pas la loi. » Et de fait Dieu lui-même n'aurait pu sauver la France impérialiste de la ruine et de la honte. La nuit même du Deux Décembre, la justice avait écrit sur le dos de l'armée : Sedan, Metz, Paris. Tacite l'a déjà dit. *Les hommes iniques sont précipités du pouvoir par les mêmes instruments qui les y élèvent.* » L'armée a fait le second Empire. Il fallait qu'il fût défait par la honte de cette même armée. La nation n'y pouvait rien. Toutes les nations du monde y eussent perdu leurs forces. Il faut toujours que justice soit faite. Justice a été faite !

Quand la nation purgée de ses iniquités, aura par ses devoirs accomplis, érigé un pouvoir légal, honnête et juste ; quand, luttant pour la justice et la vérité idéale, elle sera décidée à prendre les armes, non dans un intérêt de sordide personnalité, mais pour défendre les principes divins de vertu et de justice, de liberté et de fraternité, non-seulement elle trouvera de l'enthousiasme dans les cœurs de tous les Français, mais dans les cœurs de tous les humains justes et honnêtes. Alors, la France, comme toujours, quand au nom de Dieu elle a parlé et combattu pour d'autres, sera de nouveau invincible, et ses provinces arrachées dépenseront joyeusement pour elle jusqu'à leur dernier homme et jusqu'à leur dernier écu.

Il faut donc à la France une armée, non-seulement pour défendre le sol de la patrie libre contre tout envahisseur, mais pour venir au secours de toute autre nation honnête, opprimée par la force brutale, au nom de la loi naturelle de solidarité et de fraternité.

C'est Moïse qui le premier dans l'histoire a exigé de son peuple le service militaire obligatoire pour tous les citoyens depuis l'âge de vingt jusqu'à soixante ans, non-seulement pour défendre le camp national, mais pour attaquer les sept peuples idolâtres du pays de Canaan. Voici les exemptions que Moïse admet : un jeune mari est exempt durant la première année de son mariage, de même l'homme qui a construit une maison ou cultivé une vigne sans l'avoir inaugurée. Avant la bataille le général en chef doit passer dans les rangs et dire à haute voix : « Que celui qui ne se sent pas le courage de combattre s'en aille, afin qu'il n'amollisse pas le cœur de ses compagnons d'armes ! » On le voit, ce n'est pas sur la quantité de soldats que Moïse comptait, mais sur la qualité. — D'accord en cela avec Alexandre le Grand. Avant la bataille d'Arbelles, Parménion dit à Alexandre : « Nous ne pouvons livrer bataille, il nous manque deux phalanges entières ; » ce à quoi Alexandre répondit : « *Ceux qui veulent se battre sont arrivés.* » Et la bataille fut gagnée ! Moïse a envoyé quarante explorateurs pour examiner le pays ennemi et ses habitants. Quand ceux-ci déclarèrent que les hommes à combattre étaient des géants, trop forts pour être vaincus, le grand législateur comprit que son armée de *landwehr* israélite n'était pas de taille à conquérir le pays, et, exceptant Kaleb et Josué, disant : « Nous les vaincrons, » il condamna les Israélites ses contemporains, y compris ses propres fils, à mourir dans le désert, en laissant cette tâche à la génération future, à laquelle il donna Josué pour chef, et qui fut digne de son maître. Les autres officiers étaient élus par l'armée même.

Dans des temps plus modernes nous avons vu de grands généraux, dès qu'il s'agissait de combattre pour un principe (toute autre guerre n'est que de la gueuserie, pur brigandage), faire un choix de *soldats bien convaincus, sachant bien pourquoi ils se battaient*, plutôt que d'embaucher une armée de mercenaires, ou une masse de soldats superstitieux, obéissant à des mots d'ordre d'un prince étranger.

Cromwell n'accepta dans son armée d'autres soldats que de zélés presbytériens, toute son armée ne dépassait pas dix mille hommes. De même Gustave Adolphe. Une armée de vrais catholiques recevant le mot d'ordre de Rome, ne défendra jamais la République, eût-elle une discipline de fer. On ne meurt pas aisément pour un homme, fût-il compatriote, que l'on croit damné et que votre chef spirituel traite d'hérétique. On ne crée pas une armée nationale avec des phrases et des mots. Pour créer une armée invincible il faut un principe de vérité et de progrès ; il faut que chaque combattant soit convaincu de la bonne cause pour laquelle il risque sa vie. Le jour d'une bataille il n'y a pas de discipline qui puisse forcer le soldat de faire tout son devoir. Il faut en outre un chef donnant l'exemple de toutes les vertus militaires, faisant tout, surveillant tout lui-même, étant le premier levé, le dernier couché, ne s'en rapportant jamais aux autres et possédant la confiance entière du soldat, non-seulement comme général, mais comme citoyen et homme. Autrement une armée ne sera jamais qu'une horde. Il ne suffit donc pas pour avoir une armée d'ordonner le service obligatoire.

Les batailles ont toujours été gagnées par les armées moindres en nombre, représentant le progrès et la liberté civilisatrice. Or, il n'y a pas d'autre progrès que celui de pénétrer la loi de Dieu par la connaissance des lois de la nature qui la reflètent. Jamais peuple d'idolâtres ne vaincra une armée de philosophes ou de déistes. Et de fait, les armées catholiques, y compris celles de Louis XIV, ont toujours finalement été battues et rebattues par des armées protestantes beaucoup moins nombreuses. *Jamais la France, sous le drapeau jésuite ne reprendra l'Alsace et la Lorraine aux protestants Prussiens*. Quand l'armée française, après quatre-vingt neuf, a proclamé, *au nom du déisme*, la liberté de conscience absolue, elle a vaincu l'Europe. Dès le Concordat, elle a commencé à fléchir et s'est trouvée à la fin, en face d'une coalition formidable, combattant pour la liberté de la patrie. L'athéisme et le papisme réunis ne vaincraient pas une armée de cerfs. Tout ce que, réunis, ils peuvent faire c'est de faire massacrer quelques Juifs pour les piller, comme en Roumanie.

L'impôt du sang doit peser sur tous les citoyens sans exception et même sur les citoyennes. Les Spartiates ont exercé les femmes dans l'art de la guerre. Il est des jeunes filles en France qui, non-seulement ont plus de courage que les hommes, mais encore plus de force physique. C'est un préjugé que d'exclure les femmes du devoir le plus sacré : la défense de l'honneur et de la patrie.

Il est d'ailleurs juste que le riche, non-seulement serve comme soldat, *mais encore qu'il paye son uniforme et se nourrisse à ses frais*. De cette suprématie il n'y a rien à craindre pour l'armée. Que le soldat se nourrisse lui-même ou non, le riche n'en sera pas moins forcé d'obéir, sous peine de mort, à un officier plus intelligent, quoique plus pauvre.

Les chemins de fer appartenant à l'Etat, tous les voyages du soldat national, comme devoir de service, seront gratis. Tout citoyen, de l'âge de dix-neuf à vingt-trois ans, sera requis pour le service actif; mais il ne restera que la première année sous l'exercice sans congé. A partir de la première année, tout soldat sera renvoyé six mois sur douze pour vaquer à ses affaires. A la fin de chaque année, il y aura, dans chaque région, un grand camp de cent mille hommes pendant un mois. Il faut que, trois jours après l'annonce par le télégraphe, tout soldat, sous peine de mort, soit à son poste équipé et armé. A la fin du mois tous les camps se réuniront comme pour marcher sur un seul point pour être passés en revue par le chef du pouvoir; ce mouvement, grâce aux chemins de fer, doit s'effectuer en moins de huit jours, et cela tous les ans.

Tout Français, depuis l'âge de dix-neuf jusqu'à l'âge de cinquante-neuf ans, peut être requis de marcher contre l'ennemi. Le premier ban en dehors de l'armée active sera de vingt-quatre à trente, le second de trente à quarante, le troisième de quarante à cinquante-neuf.

En dehors de cette armée mobile, il sera formé une armée de volontaires nationaux. Tout jeune homme, depuis l'âge de dix-neuf jusqu'à vingt-cinq ans, peut être reçu comme engagé volontaire, après avoir passé un examen de santé et d'aptitude intellectuelle. L'engagement sera de quinze ans, pas moins. Non-seulement cette armée de volontaires employée généralement dans l'artillerie et la cavalerie touchera une solde, mais, après quinze années de service, le soldat, même sans blessure, a droit à une pension de 1,000 francs; il peut être employé comme instructeur militaire ou comme instituteur, ou comme douanier, ou comme gendarme, jusqu'à l'âge de soixante ans, oú il rentrera dans le rang des invalides civils ou militaires. Au bout de cinq ans de service dans *le volontariat*, le soldat peut être élu comme sous-officier ou instituteur militaire pour l'armée ordinaire. C'est dans ses rangs que l'on trouvera les meilleurs officiers supérieurs, à moins d'aptitude extraordinaire se manifestant dans la jeunesse de l'armée ordinaire. Point de privilége! Pour toutes les fonctions supérieures dans l'armée aussi bien que dans les fonctions civiles il faut le concours public. La tâche sera facilitée par la *faculté militaire de l'Université* dont feront partie toutes les capacités militaires et qui, en temps de guerre, formeront l'état-major de l'armée. Un militaire sans instruction supérieure ne sera jamais qu'un caporal, eût-il fait toutes les campagnes du monde.

En présence d'une nation armée, il n'y a pas de danger que le *volontariat* dégénère en prétorianisme, d'autant moins que tous les officiers seront nommés par le concours public et que tous les chefs seront nommés par le Président de la République.

D'ailleurs, il n'y a pas d'autres remèdes contre un coup d'Etat que l'exercice des devoirs des citoyens. Les nations qui subissent des coups d'Etat les méritent et sont indignes d'être libres. Contre le vice, il n'y a d'autre remède que la vertu ! Les villes les mieux fortifiées sont de cire molle quand elles sont défendues par des cœurs mous. Un des plus grands penseurs a dit :

Les grands hommes fortifient les cœurs ; les petits, les villes.

16e DÉCRET.

LES COMMANDANTS DE GUERRE.

En temps de guerre nationale et sacrée, il faut que les chefs sachent quelle responsabilité ils assument en acceptant des postes d'où dépendent le bonheur ou le malheur de tant de concitoyens, souvent l'existence même de la patrie. Tout militaire donc qui accepte le commandement d'une armée, d'une place de guerre, ou d'un poste à défendre contre l'ennemi, doit savoir, qu'à moins d'être mortellement blessé, s'il refuse de mourir glorieusement plutôt que de se rendre ou de permettre que ses hommes se rendent, la mort la plus honteuse l'attendra le lendemain de sa défaillance; même dans le pays ennemi il sera hors la loi. Tout officier qui recule devant la mort pleine de gloire et d'immortalité doit mourir dans la honte. Et pas d'excuse possible. *Il n'est pas mort, donc il n'a pas fait tout son devoir*, car le premier devoir du soldat national est de mourir plutôt que de se rendre. Point encore n'est besoin d'un conseil de guerre. Il a cédé avant de mourir glorieusement, *il faut qu'il meure honteusement !*

Et pour ne pas être soupçonné de dicter des lois pour

les autres seulement, je demande, malgré mes soixante ans, *que l'on me confie le poste le plus dangereux dans la future guerre.* Je n'y mets qu'une condition, savoir : qu'elle ne soit pas faite par les jésuites. J'aimerais mieux mourir pour les Turcs que de risquer un cheveu pour ces ennemis du genre humain.

17e DÉCRET.

LE TRÉSOR DE GUERRE.

Le budget ordinaire de la guerre sera pourvu par les impôts ordinaires. Mais comme pour la guerre, l'avantage est dans la promptitude de l'attaque, et comme il faut pour cette promptitude des moyens toujours prêts sans avoir besoin d'avoir recours à la munificence des citoyens ou à un emprunt, il sera formé un trésor de guerre d'un milliard, *par un impôt unique et progressif depuis l'ouvrier jusqu'au millionnaire. Cet impôt progressif ne peut être perçu qu'une fois.* Ce milliard sera déposé, en espèces sonnantes, dans la Banque de France, sans que jamais il puisse être employé dans un autre but. Une commission de surveillance, nommée chaque mois par l'Assemblée, rendra compte de l'argent déposé tous les mois, afin qu'aucune soustraction ne puisse avoir lieu. Cette commission répond de sa tête et de sa fortune de l'intégralité de la somme déposée.

Ce trésor s'appellera le Trésor de la guerre.

18e DÉCRET.

TITRES ET DÉCORATIONS.

Il n'est pas du ressort du pouvoir de distinguer un citoyen parce que ce citoyen a fait volontairement son devoir et même plus que son devoir. Cela est exclusivement du ressort des citoyens qui, par enthousiasme, donnent à un de leurs concitoyens une marque de distinction, non pour un talent inné, non pour une qualité native, car l'homme ne s'est donné ni ce talent ni cette qualité, mais pour un acte de libre arbitre, entièrement dans le pouvoir et de la volonté du citoyen. Il est ridicule, absurde de décorer un poëte ou un artiste parce qu'il sait faire des vers, ou sculpter une statue. Il tient ce talent de son Créateur. Mais si ce poëte généreusement travaille pour élever l'âme de ses concitoyens sans les frapper d'une contribution pécuniaire ou alimentaire, il a fait un acte de générosité par sa libre volonté, et le peuple, en échange, peut lui témoigner sa gratitude. Le Créateur ne donne pas aux humains des talents pour exploiter ceux qui n'en ont pas. Il crée au contraire les forts pour les faibles et les riches pour les pauvres. On donnerait à tous les pauvres de la fortune, ils ne sauraient pas la conserver. On réunirait mille hommes médiocres dans une assemblée, ils ne seraient pas capables de faire une seule bonne loi, ni une bonne pièce de théâtre, ni même un seul bon vers. Il est, du reste, prudent d'imiter les Egyptiens qui ne couronnaient un homme qu'après sa mort, attendu qu'un homme ayant fait trois fois son devoir n'est pas sûr de le faire la quatrième fois, et qu'un seul manquement peut faire trois fois plus de mal que cet homme n'a fait de bien pendant vingt années.

Toute distinction extérieure, tout titre, tout ordre d'honneur ne saurait avoir lieu dans un Etat où règnent, sous n'importe quelle forme, la vertu et la justice. Ces distinctions, ces titres sont autant de moyens de corruption inventés par des despotes qui veulent avoir des serviteurs personnels et se mettre au-dessus de l'Etat et de la loi sociale. Il n'y a pas dans nos États modernes une plus grande preuve de corruption *intérieure* que ces nombreuses décorations *extérieures,* sous différentes dénominations. Les titres de prince, de duc, de comte, de baron et de marquis étaient les écussons peinturlurés d'une barbarie brutale et guerrière. Les décorations modernes sont plus contemptibles. Elles montrent le vide intellectuel des esprits.

Dans la chevalerie, il y avait une certaine force physique. Dans les ordres modernes, il n'y a que de la défaillance spirituelle. Quand les hommes ne *sont* plus rien ils cherchent à *paraître* quelque chose. Plus l'intérieur est sale, plus l'extérieur se pare. Le ruban décorateur fait au philosophe l'effet d'une lanterne rouge que l'on attache à un poteau, indiquant au passant d'être sur ses gardes. Et le passant fera bien de ne pas dédaigner l'avis.

Toutes les décorations, sans exception, seront donc abolies. Celles qui existent s'éteindront avec les titulaires. Il en est de même des titres qui ne signifient plus rien.

Mais il est des services que la société ne peut pas matériellement récompenser. Il n'est pas de récompense pour un homme qui a risqué de mourir ou de perdre un membre pour le salut de ses concitoyens. Ce sont ses services seulement qu'aucune place, qu'aucune fortune ne peut remplacer, car nulle fortune ne vaut la santé, à plus forte raison la vie. Ces services, la société doit les payer et les glorifier *par une distinction honorifique*, que ce soit par un ruban, par un titre, ou par un mot, peu importe !

On a beau dire que c'est le devoir de tous les citoyens de combattre et de mourir pour la patrie. Dans la mêlée de la bataille le soldat peut toujours manquer à ses devoirs sans risquer une punition. Et s'il met du zèle et de l'ardeur à faire son devoir, s'il donne l'exemple à ses concitoyens, s'il est blessé ou risque cent fois de l'être, *il mérite une distinction d'honneur, distinction qui ne doit pouvoir être accordée à aucun autre, n'ayant accompli que son devoir civique.*

Toutefois cette distinction ne doit jamais pouvoir être conférée par le chef du pouvoir, ni par le chef militaire. Il faut qu'elle soit demandée par les deux tiers des combattants ou par des citoyens notables, témoins de l'action héroïque.

Dans aucun cas la distinction ne sera héréditaire.

Le Créateur par sa loi a voulu que ni les vertus ni les vices ne fussent héréditaires. Autrement le pouvoir des nations serait bientôt détenu par une seule famille. Seule la maladie est héréditaire.

La nature, quand elle donne la santé, exige qu'elle soit surveillée jour et nuit. Cinq minutes d'oubli ou de bravade suffisent pour enfieller la vie de toute une famille.

Sans cette hérédité l'homme s'adonnerait au vice, en se disant : Courte et bonne.

Mais il y regarde à deux fois sachant que la maladie qu'il encourt compromet l'existence et la santé des enfants qu'il aura ou qu'il désire avoir.

Il en est de même de la vertu. Il faut toujours qu'elle se surveille. C'est là la liberté et la grandeur de l'homme.

Quant aux distinctions civiles elles ne peuvent être données que par des concitoyens à un des leurs, comme témoignage d'admiration et de sympathie. L'Etat n'a point à récompenser les citoyens. S'il leur confie des fonctions supérieures, cela ne doit point être dans l'intérêt de ces citoyens, mais parce que l'Etat a besoin de leurs talents, qu'il récompensera du reste largement ; mais cela fait, ces citoyens n'ont droit à aucune distinction.

Si dans ces fonctions ils ont fait plus que leur devoir, l'Etat peut le dire hautement et se glorifier de posséder de tels citoyens. Là se borne son rôle. Le reste appartient aux concitoyens. Mais jamais une distinction accordée au mérite civil ne pourra être la même que celle votée pour un citoyen prêt à donner sa santé et sa vie pour le salut de la patrie !

19e DÉCRET.

LA JUSTICE.

Le principe de la justice est un et indivisible. De même que pour la défense elle repose sur l'absolu axiome « Ne fais pas à ton prochain ce que tu ne veux pas qu'il te fasse, » de même pour l'exercice de la justice même, il n'y a pas d'autre principe *que de faire au coupable ce qu'il avait prémédité de faire à son prochain.* Toute autre justice est, ou de la barbarie, ou de la défaillance, surtout dans un pays où chaque citoyen reçoit l'instruction qui lui enseigne ses devoirs dès l'enfance. C'est une utopie, c'est de l'insanie que de croire que l'humanité arrivera à la perfection absolue sans crimes et sans vices. On donnerait à tous les humains la même instruction et la même fortune; avant six mois la fortune serait déplacée et il y aurait des criminels et des vicieux! De même qu'il n'y aura jamais un champ de blé sans ivraie, de même il n'y aura jamais une société d'hommes sans mauvaise graine.

Dans ce monde il n'y aura jamais de bien sans mal, ni de jour sans nuit. Heureux s'il y a quelques étoiles ou un clair de lune pour faire contraste à l'obscurité!

Vouloir employer l'indulgence contre le criminel, autant vaudrait être indulgent pour la mauvaise herbe. Le bon grain n'empêche jamais l'ivraie de pousser. Mais laissez la liberté à cette dernière, en très-peu de temps, elle aura envahi le champ entier. Il en est absolument de même dans le champ humain. Le bon n'empêche pas le mauvais, mais une seule brebis galeuse infecte le troupeau entier. User d'indulgence envers le criminel, c'est livrer en très-peu de temps la société entière à la fièvre délirante des vices et des crimes.

Il n'y a jamais eu une plus grande folie sociale que celle demandant l'abolition de la peine de mort. Autant demander l'abolition de toute justice. Ce n'est pas le *droit* de la société que de faire à un assassin ce qu'il a voulu faire à son prochain, mais *c'est son devoir le plus sacré*. Cette société ne doit rien à ce misérable. C'est au contraire lui qui doit tout à cette société. Il lui doit la vie et l'existence. Il lui doit la faculté de travailler. Il lui doit l'instruction, la santé, le bonheur de toutes ses jouissances. Il lui doit surtout le respect de la propriété et de la vie de tous ses semblables. Dès qu'il viole le pacte social volontairement, avec pourpense et préméditation, il faut qu'il lui soit fait ce qu'il a voulu faire. *Il faut qu'il soit retranché de la société!* Le condamner à la prison avec ses semblables, autant enmagasiner l'ivraie, au lieu de l'enterrer comme fumier. L'humanité aura toujours son fumier et c'est à la justice à la nettoyer et à la préserver de l'infection.

D'ailleurs la justice sociale n'a pas d'autre but que de se mettre à la place de l'individu lésé. Autrement chacun se ferait justice soi-même, et ce serait d'abord la guerre civile, puis l'établissement du droit du plus fort.

La peine de mort n'a été établie que pour éviter la loi du talion en permanence.

Que l'on abolisse la peine de mort, il n'y aura plus qu'une seule classe d'hommes *au-dessus de la loi. Les assassins!* L'honnête homme peut être condamné à la réclusion ; mais qu'un assassin ait tué une fois, sûr qu'il est que la peine de mort ne peut lui être appliquée, il tuerait son gardien, son compagnon de chaîne, il tuerait, évadé, cinquante citoyens, on ne pourrait jamais le condamner qu'à être gardé à vue. C'est plus qu'absurde. C'est de la pure folie.

Non-seulement celui qui a conspiré contre la vie de son prochain doit être tué, mais celui qui sans tuer son semblable l'a privé *sciemment* d'un membre DOIT PERDRE LE MÊME MEMBRE SANS POUVOIR S'ACQUITTER PAR UNE AMENDE, à moins que l'homme lésé demande lui-même pardon pour le coupable, ou s'arrange avec lui moyennant indemnité, « Œil pour œil, et dent pour dent ! » Il n'y a point d'égalité de justice en dehors de ce principe.

Vouloir punir un bris de membre, ou un aveuglement par quelques mois de prison, ou par une amende, *c'est engager tous les forts, tous les riches à faire estropier tous ceux qui leur déplaisent. C'est revenir à la barbarie de l'esclavage ou à ce bon et charitable moyen âge chrétien condamnant un gentilhomme ayant tué un manant, à trentes livres d'amende.*

Il n'y a jamais eu dans l'histoire de tous les peuples une société aussi barbare, aussi vicieuse, aussi criminelle, aussi injuste envers le faible, le pauvre et l'infirme, que la soi-disant société chrétienne du moyen âge, n'ayant dans la bouche que les mots : *amour* et *pardon,* et ayant continuellement calomnié et décrié les principes de justice égalitaire de Moïse.

Il y a eu, dit Voltaire, plus de crimes et d'infamies dans un seul siècle du moyen âge chrétien, n'importe dans quel pays, que dans l'histoire de tous les humains depuis deux mille ans. Les chrétiens ne sont devenus humains que depuis la Renaissance et la Réforme, toutes deux sorties de l'art de Guttenberg, ayant multiplié la Bible entièrement inconnue aux chrétiens du moyen âge, ou connue seulement par les calomnies de l'Evangile qui lui attribue des maximes qui ne s'y trouvent pas, et défigurant celles qui y sont.

Sans égalité, point de justice!

La victime seule a le droit de pardonner, jamais la justice.

Par contre, si le crime capital doit être puni par la peine capitale, le vol ne peut être soumis qu'à la même égalité du principe.

C'est encore de la barbarie chrétienne *que de frapper les crimes contre la propriété plus fort que ceux contre la vie.* Cette barbarie ne pouvait surgir que dans des temps d'aristocratie et de servage où un écu avait plus de valeur aux yeux du législateur que la vie d'un manant.

Aucune justice n'a le droit de priver le voleur de sa liberté. Son intention n'était pas de voler la liberté à son prochain, mais seulement son bien. Il ne lui doit être fait que ce qu'il a voulu faire, ni plus ni moins.

S'il a volé dix écus, il faut qu'il travaille pour les rendre d'abord, puis pour les doubler. On lui prendra juste ce qu'il a voulu prendre. Dans notre société tous les avantages sont du côté du voleur. Le volé, outre qu'il perd son bien, perd encore son temps pour faire punir son voleur, punition dont il ne lui revient absolument rien.

Si pauvre que soit un voleur il peut, par son travail, restituer le vol et le doubler. S'il le fait volontairement, nul n'a le droit de le priver de sa liberté. Il ne perd cette liberté qu'en se révoltant contre la justice.

S'il y a récidive, au lieu du double, il payera le triple et ainsi de suite. Si le voleur doit être retenu pour payer sa dette, il doit être soumis à des travaux sans faire concurrence aux travailleurs honnêtes.

L'Etat n'a pas le droit de payer moins le travail du voleur qui travaille pour se libérer, que les autres travailleurs non détenus. De cette manière il n'y aura plus ni concurrence inique par les coupables aux honnêtes gens, ni galères, ni bagne.

Cette peste sociale disparaît avec le principe même de la justice.

Le voleur ou l'assassin sans préméditation travailleront forcément au profit de leurs victimes, de leurs héritiers, et pour leur part des frais de justice. Ils peuvent être détenus pour ce travail forcé, mais la dette payée ils doivent être libres.

Ils ne doivent être soumis à aucune autre humiliation, à moins que le voleur n'ait exercé des sévices contre sa victime. En ce cas, on lui fera comme il a fait. Quant aux assasins, il faut qu'ils disparaissent par la mort!

Les principes de la justice sont simples et absolus. Pour tout crime il ne peut y avoire d'autre justice que le jury. Pour toute autre cour de justice il ne peut y avoir que des juges élus ou signalés au pouvoir par l'élection. Une fois élus leurs appointements doivent pouvoir les mettre au-dessus de tout soupçon et de toute corruption. Les élections peuvent être renouvelées tous les cinq ans, mais les juges doivent toujours pouvoir être réélus.

Dans chaque quartier il y aura un tribunal de commerce et un tribunal de prud'hommes. Tous les litiges entre domestiques et maîtres, entre ouvriers et patrons doivent être jugés par les prud'hommes. Quant aux tribunaux de commerce dont les experts arbitres sont réellement les seuls et uniques juges, il faut absolument que ces experts soient soumis à l'élection, aussi bien que les juges, et que leurs honoraires soient fixés par une loi.

Il n'existe point de question de droit qui ne puisse être jugée par trois honnêtes citoyens d'esprit et de cœur. Les femmes ne doivent pas être exclues de la justice. Elles sont pour le moins aussi justes que les hommes. Elles sont éligibles.

Il n'y a pas de fonctions plus importantes et plus méritoires dans une société où règne la Justice que celles d'un commissaire de police. C'est le magistrat du peuple, mais à une condition : que tout ce qui se passe dans ses bureaux soit public et publié dans les journaux.

C'est le commissaire de police qui prépare tous les procès de justice, c'est lui qui reçoit le premier les dépositions des criminels et des témoins, c'est lui qui les défère à la justice. Il faut donc qu'il soit un homme aussi éminent par ses qualités que par son savoir, et que toutes ses dépositions soient publiées. Il faut qu'il soit élu par les citoyens du quartier et une fois élu qu'il soit largement rétribué et qu'il puisse monter par tous les degrés de la justice, jusqu'au faîte du pouvoir, par ses vertus et ses devoirs accomplis.

Quant aux avocats, cette peste des temps modernes, ces vers rongeurs sortis de la pourriture judiciaire, il faut absolument qu'ils soient soumis à la loi commune. Tout citoyen pourra plaider en faveur d'un autre citoyen sans robe ni diplôme. Mais il ne pourra jamais parler plus d'une demi-heure. Un avocat convaincu d'avoir calomnié la partie adverse ou d'avoir allégué ou énoncé des faits mensongers, peut être cité, séance tenante, et sera soumis à la loi commune.

Il est ridicule d'avoir des agréés au tribunal de commerce qui ne font qu'embrouiller les procès et les rendre plus dispendieux. Le premier citoyen venu doit pouvoir défendre la cause qui lui paraît bonne. Tous ces parasites sont des excroissances du cancer monarchique quand le droit de la justice se vendait au plus offrant.

L'avoué, lui, peut, quand bon lui semblera, préparer les procès. Mais tout le monde pourra lui faire concurrence. L'avoué, après tout, n'est qu'un avocat homme d'affaires. Sous le règne de la loi, tous les hommes d'affaires peuvent être avocats.

Il est évident que les juges de la police correctionnelle seront élus comme les commissaires de police. Ce seront d'anciens commissaires que les citoyens éliront certainement, ne fût-ce que pour récompenser leurs services rendus. Les émoluments doivent augmenter avec chaque degré.

Quant à la cour des cassations, tous les juges, tous les commissaires qui veulent se retirer en feront partie d'office. Les autres membres seront élus par tous les tribunaux.

Les présidents de tout tribunal seront désignés par les juges qui en font partie et nommés par l'Etat.

Avec un tribunal de commerce et un tribunal de prud'hommes dans chaque quartier, il n'y a plus de place pour la justice de paix. Là pourtant où cette justice est requise, le juge sera nommé par l'élection.

20e DÉCRET.

L'HYGIÈNE.

Tous les grands législateurs ont garanti la santé du peuple par des lois d'hygiène. C'est naturel. Ce qui est immoral pour l'âme est toujours malsain pour le corps. La morale est la meilleure hygiène, pour peu qu'elle soit accompagnée de propreté et de sobriété. L'immoralité, la superstition sont toujours suivies de malpropreté et de saleté. L'hygiène est la morale basée sur la raison et la loi de la nature vont partout de front. Les peuples idolâtres n'ont point d'hygiène et pas de législation qui la garantit. Moïse le premier a proclamé des lois garantissant la santé de l'homme, des bêtes et des plantes. Ses lois sur la lèpre des hommes, des maisons et des effets, celles sur les animaux impurs et purs, sur la propreté des camps, sur les ablutions, sur l'enlèvement des morts sont connues. Lui le premier a ordonné le confinement pour garantie à la lèpre. Le moyen âge a été forcé de revenir à l'observation de cette loi. Aujourd'hui même les Anglais sont forcés de recourir à cette extrémité, contre cette horrible maladie qui ravage les peuples indiens. Le confinement seul *et la défense de se marier* arrivent à extirper cette horrible maladie. Mais le lépreux n'est pas le seul malade auquel le mariage doit être interdit. Nos petits législateurs s'occupent bien de l'amélioration des races chevalines, bovines et porcines. C'est bien. Mais avant tout le premier devoir d'un homme d'Etat, c'est de songer à améliorer et à embellir la race humaine par des lois de morale et d'hygiène. Les lois d'amour n'ont pas d'autre but.

Le mariage monogame est une loi d'hygiène et de longévité. Certains malades ne doivent pas avoir la permission de perpétuer leur maladie mortelle à volonté. La folie, la phthisie sont dans ce cas. Ces maladies sont héréditaires et peuvent être, à de rares exceptions, extirpées par la défense de les perpétuer par le mariage. Il en est de même de la syphilis, qui jamais ne peut être totalement guérie et qui engendre des enfants scrofuleux et idiots. Il en est de même de la vieillesse. Un homme âgé se mariant avec une jeune fille, non-seulement voue la femme à la prostitution, mais ses enfants naissent vieux, dépourvus de santé et d'esprit.

Les mariages en trop grande disproportion d'âge doivent être défendus. Quinze ans de différence c'est le maximum que la loi puisse accorder. La défense des mariages consanguins n'a jamais eu d'autre but que l'hygiène. Pour qu'un peuple soit fort d'esprit, il faut avant tout qu'il soit sain : *santé* et *sainteté* sont presque synonymes. Rien de grand, rien de beau n'est possible sans santé. Avec la santé la beauté vient en surcroît. D'ordinaire, il n'y a pas d'autre beauté que toutes les qualités réunies de la santé. Une femme, fût-elle une Vénus, si elle devait être forcément stérile, serait un monstre. Le plus beau brillant des yeux, le plus bel émail des dents, n'inspirent que de la pitié, quand ces yeux ne voient pas, quand ces dents ne mordent pas. Toutes les lois humaines n'ont en réalité qu'un seul et unique but : la santé morale et physique du peuple. Hors de là point de bonheur. Hors de là point de patriotisme ni de liberté. Dans la société des droits sans devoirs, le salut de tous est sacrifié à la volonté et au plaisir de l'individu, fût-il le dernier des chenapans. Mais dans la République des Devoirs de l'homme l'individu est forcé de faire son devoir, dût ce devoir le priver de ses plaisirs, dès que ces plaisirs compromettent la santé et le bien-être de tous.

21e DÉCRET.

L'IVROGNE.

Un homme qui rêve est dans un état de folie passagère. Le rêveur comme le fou ne possède pas le pouvoir de sa fibre de raison qui compare les choses et les juge. Chez le fou cette fibre s'est couchée, pliée, chez le rêveur elle s'est endormie pendant que les autres fibres de l'imagination, de la mémoire, veillent et jouent à tort et à travers. La colère produit le même effet. Les vapeurs du sang bouillonnant couvrent la raison et l'homme agit comme un fou. Le rêveur qui ne se réveillerait plus serait absolument dans le même état qu'un fou sans des moments lucides, avec la différence que l'homme ne peut rêver debout, tandis que le fou dont la fibre de la raison n'est que repliée, ressemble plutôt à un homme qui serait toujours en colère. Mais l'homme ivre se trouve absolument dans le même état que l'homme qui rêve. Les vapeurs de la boisson ont complétement étouffé la fibre de la raison. Non-seulement il n'a plus la conscience de ses actions, comme le fou ou le rêveur, mais il perd le pouvoir de ses facultés physiques. Il ne peut plus se tenir en équilibre. L'ivrogne donc, n'étant plus un être raisonnable, doit être traité comme tel. S'il est coutumier du fait, il doit être privé de tout droit civil et politique. Il en est aussi indigne qu'un aliéné, qui, comme lui, peut avoir des moments lucides. Il doit être interdit et comme mari et comme père et comme citoyen. Dans le premier temps de son vice, il peut être, toujours comme le fou, privé de sa liberté, et soumis à un régime de sobriété forcée. Il est possible qu'il revienne à la santé de l'esprit et du corps; mais s'il a donné comme le fou des preuves de rechutes, il doit être détenu pour toujours, et si dans un accès il a tué un homme il doit être sans miséricorde retranché de la société. La société n'a point le droit de nourrir des êtres pernicieux et irrévocablement malfaisants. Il est au contraire de son devoir de les retourner comme du fumier. Autrement l'ivraie envahirait le champ humain en peu de temps et rendrait tout épi impossible. Les enfants du fou comme ceux de l'ivrogne sont corrompus dans la racine. Ils n'ont jamais le pouvoir de leur raison. Ils sont d'ordinaire aussi *insanes* du corps que de l'esprit.

DÉCRETS MINEURS.

Une fois qu'une société est basée sur la vérité (et la vérité est une et absolue dans toutes ses faces), toutes les contradictions, toutes les questions sociales soi-disant insolubles se dénouent toutes seules et se résolvent comme par enchantement. Quand l'Etat garantira à chacun de ses citoyens accomplissant ses devoirs l'instruction de ses enfants et un morceau de pain à l'âge de soixante ans, il n'y aura plus ni grève, ni falsification des denrées, ni ce profond antagonisme qui existe entre maîtres et domestiques.

Dans la société actuelle la question des domestiques est un problème social insoluble. Le domestique vole régulièrement son maître, sans que la conscience lui en fasse le moindre reproche, et il est soutenu dans ce principe de vol par les fournisseurs. Ceux-ci l'y soutiennent, soit pour lui vendre des denrées falsifiées, soit pour voler sur le poids et la mesure, soit pour obtenir des prix au-dessus d'un gain légal et équitable. Tout cela va disparaître, dès le lendemain de ma législation. Pour qu'un domestique obtienne à l'âge de soixante ans la garantie sociale d'une rente avec un travail assuré et adapté à son âge, pour qu'il entre dans la classe des invalides civils, il faut qu'il n'ait jamais fait danser l'anse du panier. Il peut avoir servi plusieurs maîtres, mais tous honnêtement. La moindre preuve d'infidélité l'exclut de l'invalidisme. Quant aux fournisseurs ils sont dans le même cas. La moindre tentative de corruption les exclut du bénéfice de la loi.

D'ailleurs quand un citoyen est sûr que ses enfants recevront l'enseignement gratuit, une profession et qu'il aura un morceau de pain pour sa vieillesse, il se gardera bien d'empoisonner ses concitoyens par des adultérations de denrées, ou par le chippage et le grippage de quelques francs sur les poids et mesures, ou sur la pratique d'un domestique. Il n'a pas besoin de rapiner pour mettre quelque sous de côté pour sa vieillesse ou pour sa petite fille. Quant aux falsifications mêmes, il doit être fait au falsificateur ce qu'il a voulu faire. Si ce qu'il mêle aux denrées est du poison qui puisse entraîner la mort d'un acheteur, il faut qu'il soit retranché de la société comme un assassin. Si ce n'est qu'une fraude, il faut qu'il paye une amende double de ce qu'eût été le bénéfice de la fraude pour toute la quantité des denrées ou des boissons frelatées. Dès lors on ne se plaindra plus du lait et du vin frelatés, car il n'y aura plus de frelateurs, et s'il y en a, ils encourront un châtiment bien autrement efficace que celui que la société actuelle basée sur l'injustice leur inflige.

Il en sera de même de toutes les questions sociales du travail. Quand l'ouvrier aura la garantie de l'éducation de ses enfants et d'une vieillesse assurée, non-seulement il ne fera plus grève, mais il diminuera tout seul les heures de son travail. Les patrons alors, s'ils veulent être sûrs d'avoir des travailleurs quand ils en ont besoin, les associeront à leurs bénéfices, selon les services rendus, et n'associeront que les bons travailleurs sur lesquels ils peuvent compter. Les mauvais travailleurs seront beaucoup moins rares. Il y en aura pourtant. Mais comme sans travailler, ils ne peuvent être que voleurs ou qu'assassins, ils travailleront forcément comme voleurs, pour restituer le bien volé, ou disparaîtront comme assassins.

Je défie qui que ce soit de me citer une seule question sociale contre laquelle les dents de tous nos broyeurs de systèmes se sont émoussées ou ébranlées qui ne se résolve toute seule le lendemain de la proclamation de mon *Code* basé sur la loi de Dieu, représenté par toutes les lois de la nature et qui se réduit à trois mots : Dieu, Vertu et Justice !

Paris-Imp. PAUL DUPONT, 41, rue Jean-Jacques-Rousseau. — 4383-11.2

www.ingramcontent.com/pod-product-compliance
Ingram Content Group UK Ltd.
Pitfield, Milton Keynes, MK11 3LW, UK
UKHW022134190726
13855UKWH00003B/1149

9 782012 478978